Anne Hooper

sexe

Questions et réponses

D1275842

Anne Hooper

sexe

Questions et réponses

Préface de Louise-Andrée Saulnier

HURTUBISE
HMH

Sexe Questions et réponses

Direction artistique : Lynne Brown
Direction éditoriale : Stephanie Farrow
Direction de la maquette : Karen Ward
Édition : Kesta Desmond
Maquette : Tracy Miles
Mise en page : Karen Constanti
Fabrication : Sarah Dodd

Copyright © 2002, Hurtubise HMH ltée
pour l'édition en langue française au Canada

Titre original de cet ouvrage :
Sexe Q & A

Copyright © 2001, Dorling Kindersley Limited, Londres
Copyright © 2001, Anne Hooper pour le texte
Copyright © 2002, Éditions La Martinière pour le texte français
Traduction : Gisèle Pierson
Couverture : Olivier Lasser
Préface et adresses utiles : Louise-Andrée Saulnier

ISBN : 2-89428-570-1

Dépôt légal : 2ᵉ trimestre 2002
Bibliothèque nationale du Québec
Bibliothèque nationale du Canada

Éditions Hurtubise HMH ltée
1815, avenue De Lorimier
Montréal (Québec) H2K 3W6
Tél. : (514) 523-1523

Imprimé à Singapour

www.hurtubisehmh.com

sommaire

réponses
préface

Parce que l'ignorance fait plus de tort que la connaissance.

Parce que toutes vos questions relatives à la sexualité sont légitimes.

Parce que s'informer c'est déjà assumer la responsabilité de sa propre démarche pour une vie sexuelle plus heureuse.

Parce que l'amour et le sexe ça s'apprend : contrairement à ce que l'on croit, l'expression amoureuse relève autant, sinon plus, de l'acquis que de l'inné.

Parce que la réussite de votre vie affective figure au premier rang de vos priorités de succès avant l'argent et la carrière.

Parce que derrière vos questions se cache la recherche du plaisir, essentiel à la survie des êtres humains.

Pour toutes ces raisons, je vous recommande ce livre.

Et parce qu'au-delà des mots rassurants de Anne Hooper, il y a ces magnifiques images qui vous parleront de l'amour.

Louise-Andrée Saulnier

introduction

L'homme (et la femme), optimiste par nature, est prêt à tout pour sauver sa vie sexuelle si celle-ci est en danger. Le sexe est l'un des plaisirs offerts par la vie et la sensualité est un refuge et un réconfort. Nos besoins affectifs nous poussent à résoudre nos problèmes sexuels. Cet ouvrage est fait pour vous aider, avec une série de questions parmi les plus souvent posées sur le sujet brûlant des relations amoureuses. Il recouvre de nombreuses étapes de la vie, des premières relations à la grossesse, de

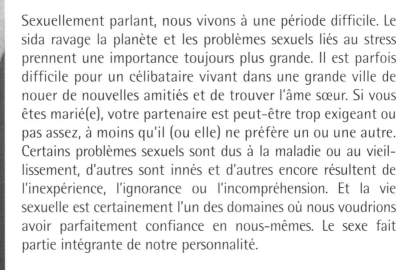

l'âge mûr à la vieillesse, et vous propose des solutions nouvelles pour vous aider à améliorer votre vie sexuelle.

Sexuellement parlant, nous vivons à une période difficile. Le sida ravage la planète et les problèmes sexuels liés au stress prennent une importance toujours plus grande. Il est parfois difficile pour un célibataire vivant dans une grande ville de nouer de nouvelles amitiés et de trouver l'âme sœur. Si vous êtes marié(e), votre partenaire est peut-être trop exigeant ou pas assez, à moins qu'il (ou elle) ne préfère un ou une autre. Certains problèmes sexuels sont dus à la maladie ou au vieillissement, d'autres sont innés et d'autres encore résultent de l'inexpérience, l'ignorance ou l'incompréhension. Et la vie sexuelle est certainement l'un des domaines où nous voudrions avoir parfaitement confiance en nous-mêmes. Le sexe fait partie intégrante de notre personnalité.

Cet ouvrage, *SEXE Questions et réponses,* a été inspiré par les nombreuses questions que mes lecteurs m'ont posées au cours des dernières années. Les réponses abordent tous les sujets qui vous préoccupent. J'espère sincèrement qu'il vous sera utile. Si vous désirez me poser d'autres questions, vous pouvez m'écrire à anne@annehooper.com. Bonne chance dans votre vie sexuelle.

dans la relation amoureuse

Une relation bien établie offre un cadre propice à une vie sexuelle enrichissante. Cette dernière est généralement plus intense au début d'une aventure amoureuse, puis elle s'installe dans un schéma et une fréquence qui conviennent aux deux partenaires.

l'amour au lit

Que font la plupart des couples au lit ?

La plupart des couples se livrent à des préliminaires où chacun s'efforce d'éveiller le désir de l'autre. Les jeux amoureux se concentrent sur les zones érogènes, lèvres, cou, poitrine, bouts des seins et parties génitales, et comportent des caresses, étreintes, massages, baisers, masturbation mutuelle et excitation buccale. La pénétration se fait le plus souvent dans la position du mission-naire, avec différentes variantes. Certains couples préfèrent les positions dites par derrière, ou celles où la femme est couchée sur l'homme.

Combien de temps doit durer la relation sexuelle, des prélim-inaires à l'orgasme ?

La réponse dépend de l'aptitude sexuelle des partenaires, de leur condition phy-sique et de leur ardeur, ainsi que de leur connaissance plus ou moins grande des jeux de l'amour. Certains amants aiment la rapidité et atteignent l'orgasme

presque immédiatement. D'autres préfèrent prolonger les préliminaires. Les premières approches permettent de mieux connaître les désirs et les besoins de l'autre. Les thérapeutes s'accordent pour affirmer que l'excitation sexuelle de l'homme doit durer au moins quinze minutes pour donner à la femme une chance d'éveiller son désir. Bien entendu, les durées diffèrent selon les femmes :

certaines prendront trois minutes pour atteindre l'orgasme, d'autres trois quarts d'heure ou plus. Il semble raisonnable de consacrer environ une heure à l'amour, même si vous pouvez vous contenter de moins. Mais pourquoi fixer une limite ?

Comment puis-je exciter au maximum le désir de mon partenaire ?

Essayez de vous glisser dans l'esprit de l'autre, trouvez ce qui stimule son imagination sexuelle, et partagez vos fantasmes. Sachez prendre des risques. Si vous avez toujours rêvé de certaines pratiques tout en les trouvant honteu-ses, énoncez-les; même sans passer à l'acte, cela suffira pour vous rendre désirable. ou excitant. Ne précipitez pas les choses, prenez votre temps pour éveiller les sens, et lorsque vous vous laisserez tomber sur le lit, votre désir ne pourra plus attendre. Même alors, prolongez l'expérience en laissant vos mains errer sur le corps de votre parte-naire et voyez comment sa peau réagit.

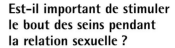

Je voudrais apporter plus de variété à ma vie sexuelle. Existe-t-il des techniques particulières que je pourrais essayer avec mon partenaire ?

Il en existe de nombreuses. Reportez-vous au chapitre 5, concernant les jeux sexuels. Vous pouvez aussi vous inspirer des idées suivantes :

• Apprenez à vous dévêtir. Arrachez-vous tous vos habits à la hâte, en ne laissant que vos chaussettes, ou retirez-vous vos vêtements un par un, pour révéler une lingerie sexy ? Essayez un strip-tease torride sur votre partenaire...

• Transformez votre chambre en temple du sexe. Bougies, encens, huiles parfumées, coussins et oreillers, tissus soyeux, fleurs et musique langoureuse créeront une ambiance très différente du train-train quotidien.

• Utilisez le pénis comme une sorte de vibromasseur. Frottez l'extrémité du pénis rapidement de haut en bas sur le clitoris : vous provoquerez un orgasme intense pour l'un et l'autre partenaire.

• Avec le doigt, tirez vers le bas la partie inférieure du vagin pendant le rapport.

• Glissez un vibromasseur entre vos parties génitales et celles de votre partenaire pendant le rapport sexuel.

• Glissez un doigt (ongle court et propre) dans l'anus de votre partenaire et appliquez de légères pressions. Vous pouvez aussi effectuer des mouvements circulaires autour de l'anus.

• Pour les hommes : maintenez les lèvres génitales de votre partenaire autour de votre pénis en la pénétrant.

• Pour les femmes : dans la position du missionnaire, serrez vos jambes pour augmenter la surface de pénétration.

Est-il important de stimuler le bout des seins pendant la relation sexuelle ?

La poitrine et le bout des seins sont des zones très érogènes, et certaines femmes peuvent atteindre l'orgasme grâce à la simple stimulation des bouts des seins. Massez doucement le sein en roulant le bout entre les doigts et en le léchant, le suçant et le lapant avec la langue. L'homme est également sensible à la stimulation du bout des seins.

Dois-je attendre que mon amie ait un orgasme avant d'éjaculer ?

Cela n'est pas une règle absolue, mais il vaut mieux que vous soyez synchronisés. Après l'orgasme, c'est la détente, et si votre partenaire n'a pas encore atteint le sien, elle voudra continuer, toute pause étant alors pour elle une déception. Cependant, si vous exercez une stimulation manuelle ou buccale après avoir éjaculé, elle sera satisfaite.

J'ai toujours pensé que l'homme doit prendre l'initiative, mais mon partenaire voudrait que je sois plus active. Qui a raison ?

Les relations sexuelles les plus réussies se produisent spontanément, et si vous éprouvez du désir, il est normal que vous preniez l'initiative, quel que soit votre sexe. Les hommes peuvent trouver trop lourde la responsabilité sexuelle si elle leur incombe entièrement, et les femmes peuvent se sentir privées de liberté de choix.

Le temps n'est plus où la femme n'était que le réceptacle docile du sexe de l'homme. Des règles strictes ne devraient jamais s'appliquer aux relations sexuelles, excepté, bien entendu, si elles sont essentielles à votre santé et à votre bien-être.

Puis-je avoir des relations sexuelles avec ma partenaire lorsqu'elle a ses règles ?

Oui, à condition que ni l'un, ni l'autre n'éprouvent de gêne. Mettez une serviette sur le lit pour éviter de tacher le matelas et lavez votre pénis après avoir fait l'amour, le liquide séminal et le sang menstruel risquant de séjourner sous le prépuce. Aucune autre précaution n'est nécessaire.

Mon mari utilise un vibromasseur pour me faire atteindre l'orgasme. Cela risque-t-il de m'empêcher de jouir normalement ?

La femme ne risque en aucun cas de dépendre du vibromasseur. Au lieu de limiter le plaisir sexuel, les vibromasseurs l'ont développé. Ils permettent d'atteindre l'orgasme plus facilement et de nombreuses façons. Ne vous inquiétez donc pas !

Ma femme vient d'acheter un manuel sur le sexe. Est-ce révélateur à propos de notre vie sexuelle ?

Votre femme veut probablement vous dire qu'elle aimerait un peu de nouveauté et espère qu'il en est de même pour vous. Cela ne signifie pas pour autant qu'elle s'ennuie avec vous : il est difficile de donner un livre sur le sexe à quelqu'un qui ne vous intéresse pas ! Prenez comme un compliment son désir d'explorer et de développer votre vie sexuelle. Et délectez-vous avec ce livre !

Est-il bon de remplacer la pénétration par une masturbation mutuelle ? Mon partenaire apprécie cela.

Toutes les variantes sexuelles sont possibles tant que vous les approuvez tous les deux. La masturbation mutuelle

précisions

Le massage thaï

Cette technique spéciale de massage thaï sera pour votre partenaire une surprise érotique merveilleuse et originale. Préparez votre corps et le sien en les recouvrant de mousse de savon (à la manière thaï) ou d'une autre substance glissante, comme de l'huile de massage. L'homme est couché à plat sur le ventre sur une serviette, la femme étendue sur lui, le ventre contre son dos. La femme va utiliser tout son corps comme instrument de massage, en glissant en aller et retour sur son partenaire. Elle peut varier ses caresses en se tortillant, en glissant d'un côté à l'autre et en se dressant sur les bras. Elle peut aussi imposer un rythme défini à ses caresses. Elle recommencera ensuite le même massage, l'homme étant alors couché sur le dos.

peut être une variante érotique de la pénétration, la variété étant l'une des meilleures manières de renouveler l'intérêt et le plaisir des relations sexuelles. Une autre variante consiste à vous masturber sous le regard de votre partenaire, ce qui peut être une bonne façon de faire disparaître les inhibitions et de lui apprendre à vous caresser.

Quelles sont les meilleures techniques de remplacement de la pénétration ?

La masturbation mutuelle, la stimulation buccale et le massage des parties génitales peuvent être merveilleux, de même que le massage ou les caresses du corps entier. Vous pouvez aussi essayer les divers instruments érotiques (voir pages 112-115). Si vous devez éviter la pénétration pour des raisons de santé, lisez les pages 154-155.

Nous faisons toujours mieux l'amour après une dispute. Pourquoi ?

Les centres du cerveau correspondant aux émotions fortes, sont liés de près aux centres qui contrôlent le désir sexuel. Pour explorer cette théorie de façon moins destructive, essayez plutôt avec votre partenaire le grand 8 ou les montagnes russes à la foire, et voyez quelles sont vos réactions ensuite !

Parfois, le sexe après une dispute peut aussi apporter un certain réconfort et vous rassurer, comme une manière de dire « même si nous nous disputons, nous finissons toujours par nous réconcilier sur l'oreiller ». Mais bien que le sexe après une dispute ne soit pas un problème en lui-même, les conflits ne doivent pas devenir un moyen d'accès à l'intimité sexuelle.

fréquence des rapports sexuels

Quelle est la fréquence des rapports chez la plupart des couples ?

Plus vous êtes jeune, plus vos besoins sexuels sont grands. Les rapports sont généralement plus nombreux au début d'une relation, mais se réduisent à mesure que le temps passe, surtout après deux ans. Diverses études ont démontré que la fréquence des rapports chez le couple moyen est de deux ou trois par semaine au début et diminue ensuite.

Notre relation risque-t-elle d'être ébranlée si nos rapports sexuels sont peu fréquents ?

Pas nécessairement, du moment que vous avez instauré un schéma qui vous satisfait tous les deux. Certaines relations amoureuses peuvent durer une vie entière sans aucun rapport sexuel. Mais la durée dans le temps dépend de votre amour mutuel, de vos intérêts communs, si vous avez ou non des enfants, et de la façon dont vous vous investissez dans votre relation, à la fois affectivement et

Qu'est-ce que cela signifie si...

mon partenaire se masturbe alors que nous avons une activité sexuelle très intense ?

• La masturbation donne à votre partenaire une autre sorte de satisfaction.

• La masturbation est un moyen de calmer l'anxiété et n'a rien à voir avec une activité sexuelle partagée.

• La masturbation remplit une fonction spécifique, comme aider votre partenaire à s'endormir.

• Votre partenaire possède une ardeur sexuelle intense et la masturbation lui paraît le meilleur moyen de la satisfaire sans vous être infidèle.

Les faits

En 1987, une enquête sur la vie sexuelle montra que si l'activité sexuelle des couples mariés diminuait avec le temps (en nombre de rapports sexuels), celle des couples cohabitant sans être mariés, restait plus intense, quel que soit leur âge.

financièrement. Certaines personnes sont heureuses avec une vie sexuelle peu intense, d'autres compensent leur désert sexuel par la masturbation. D'autres prennent un amant ou une maîtresse et s'arrangent pour fractionner leur vie afin que leurs partenaires ignorent tout l'un de l'autre. Cependant, il faut beaucoup de force pour maintenir deux relations intimes potentiellement opposées, et l'infidélité (voir pages 24-27) est toujours un danger pour une relation.

Est-il possible d'avoir trop de rapports sexuels ? Avec mon partenaire, nous faisons l'amour au moins deux fois par jour.

Les rapports sexuels très nombreux ne font aucun mal et apportent au contraire beaucoup de plaisir. Si vous ne supportiez pas ce rythme trop soutenu, vous trouveriez des excuses pour les espacer. Mais si vous vous posez la question, c'est peut-être que vous commencez à vous ennuyer ou à vous épuiser. N'ayez pas peur de dire : « Je n'en ai pas envie maintenant, faisons une pause », ce qui serait parfaitement normal.

Quand nous nous sommes rencontrés, nous passions notre vie au lit. Aujourd'hui, nous faisons l'amour une fois par quinzaine. Est-ce toujours comme cela ?

La fréquence des rapports sexuels dépend de nombreuses variables. Un travail fatigant, le manque de temps et d'énergie, le stress, la maladie, les enfants, sont des facteurs qui peuvent altérer votre vie sexuelle. Et même si tout va bien, la fréquence des rapports diminue avec le temps, comme le montrent les études menées sur ce sujet. Moins de sexe ne signifie pas cependant moins d'amour. Vous devez vous rassurer mutuellement par des baisers, des compliments, des démonstrations amoureuses. De nombreux couples affirment aussi éprouver un renouveau de passion à l'occasion.

Mon amie ne recherche pas les rapports sexuels, mais il lui arrive parfois, soudain, pendant deux ou trois jours, d'en réclamer toujours plus. Pourquoi ce comportement ?

Je pense que ce comportement est lié au cycle menstruel de votre amie (voir page 76). Les deux ou trois jours de la fin du cycle coïncident généralement avec l'apogée du désir sexuel. Demandez à votre amie si elle se rend compte de l'effet de ses hormones sur son désir. Si elle se sent régulièrement attirée au moment de son ovulation (généralement au milieu du cycle), vous pouvez vous attendre à de nombreux rapports à cette période ou même le week-end suivant. N'oubliez pas que la femme est particulièrement fertile au moment de l'ovulation ; si vous ne voulez pas concevoir, vous devez utiliser un moyen de contraception éprouvé.

J'ai 42 ans et je suis fiancée à un homme âgé de 75 ans. À quoi puis-je m'attendre quant à la fréquence de nos rapports sexuels ?

L'activité sexuelle des gens âgés a donné lieu à de nombreuses études aux résultats variables. Ainsi, en 1926, Raymond Pearl, biostatisticien, indiqua que 4 % des hommes âgés de 70 à 79 ans avaient des rapports sexuels tous les trois jours, et 9 %, toutes les semaines. En 1959, le docteur Linkle et son équipe interrogèrent 101 hommes entre 56 et 86 ans, qu'aucune maladie ne réduisait à l'impuissance, avec les résultats suivants :

• 65 % des hommes de moins de 69 ans avaient une activité sexuelle.

• 34 % des hommes de plus de 70 ans avaient une activité sexuelle.

• Près de 50 % des hommes âgés de 80 ans et plus avaient au moins 10 rapports sexuels par an.

Selon cette étde, dans le groupe qui vous intéresse (les hommes de plus de 70 ans), la principale raison de l'inactivité sexuelle était le manque de désir pour le partenaire et non l'impuissance. Donc, si votre mari reste en bonne santé, votre vie sexuelle sera satisfaisante.

Notre vie sexuelle ayant décliné, du fait de mon mari et non du mien, je suis très étonnée de son ardeur sou-daine. Serait-il possible qu'il ait une liaison ?

Une ardeur soudaine peut avoir de nombreuses raisons, dont l'infidélité. Si votre mari a la quarantaine, il s'aperçoit peut-être qu'il approche de l'âge mûr et veut reconsidérer sa relation avec vous. Il tient à réaffirmer sa sexualité et vous le montre de façon plus intense que par le passé. Peut-être est-il attiré par une autre femme, mais, au lieu d'avoir une liaison, il reporte ses sentiments sur vous. Il est possible aussi qu'il ait vraiment une liaison et que vous récoltiez le surplus de son énergie sexuelle nouvelle.

Jusqu'à maintenant, mon ami n'a jamais voulu se marier. Son refus me le rendait encore plus désirable. Aujourd'hui, il a enfin accepté de m'épouser et mon désir a considérablement diminué. Que se passe-t-il ?

L'attitude de votre ami envers le mariage avait probablement sapé votre confiance intime et seules de nombreuses relations sexuelles vous ont permis de compenser votre anxiété. Maintenant qu'il consent à s'engager, votre anxiété disparaît. Vous avez alors une vision plus réaliste de la fréquence des rapports sexuels nécessaires à votre bonheur et vous vous apercevez que vos besoins sont en fait plus modestes. Il y a une autre explication cependant. Vous vous sentez moins soucieuse et vous éprouvez pour la première fois de la colère contre votre ami pour son attitude précédente. Cette colère peut vous détourner de lui. Si cela est le cas, cherchez les motifs de son comportement. Peut-être attendait-il de mieux gagner sa vie, ou fallait-il qu'il mûrisse ? Essayez de considérer le passé d'un regard plus serein. Vous devriez en parler franchement avec votre ami.

étude d'un cas

> *« Ma femme refuse les rapports sexuels depuis des années. Je ne veux pas attendre plus longtemps. »*

Richard, 36 ans

Je suis marié depuis 10 ans avec Katia et notre vie sexuelle est pratiquement inexistante depuis le début. Nous n'étions pas mariés depuis deux ans que ma femme invoquait constamment la fatigue due à son activité professionnelle. Il est vrai qu'elle travaillait très dur, mais la fréquence de nos rapports sexuels diminuait de plus en plus. L'autre jour, en me réveillant, je me suis rendu compte qu'il y avait plus de six mois que nous n'avions pas fait l'amour. J'essayai d'en discuter avec Katia, mais elle me tourna le dos en disant qu'elle ne voulait plus avoir de relations sexuelles. J'ai vraiment l'impression d'avoir perdu mon temps. J'approche de la quarantaine et je veux fonder une famille. Il y a des années que ma vie sexuelle est inexistante et je ne veux plus attendre. Pour moi, mon mariage est terminé.

Commentaire :

« *Bien que Katia eût le cœur brisé devant l'échec de son mariage, elle ne voulait plus faire l'amour avec son mari. Son désir avait disparu, sans qu'elle sache pourquoi. Quand Richard lui demanda de vérifier par un avis médical qu'il n'y avait aucune raison physiologique à son manque d'ardeur sexuelle, elle refusa. Quand elles sont confrontées avec la fin d'une relation déjà ancienne, certaines femmes sont d'accord pour essayer d'améliorer la situation. Quelquefois, le simple influx d'adrénaline provoqué par la menace d'une rupture suffit à réveiller le désir. Ce ne fut pas le cas pour Katia. Six mois plus tard, Richard la quitta et prit une autre amie. Katia fit de même et son ardeur sexuelle revint sans difficulté. Richard paraît donc avoir pris la bonne décision. En se confrontant au problème, il réussit à provoquer des changements positifs. Il est vrai cependant que ce genre de choix est toujours difficile.* »

J'aimerais avoir davantage de rapports sexuels, mais il semble que mon amie et moi, nous n'arrivions jamais à trouver le temps, car nous travaillons très dur. Que pouvons-nous faire ?

Trouver le temps de faire l'amour peut devenir de plus en plus difficile aujourd'hui, le travail et autres pressions quotidiennes devenant omniprésentes. Deux choses sont possibles. Tout d'abord, tirez le meilleur parti du « sexe rapide ». Les longs préliminaires ne sont pas indispensables à l'amour. Envisagez plutôt l'explosion qui ne dure que quelques minutes. Faites l'amour sous la douche, juste avant de vous endormir le soir, ou quand vous vous préparez à sortir. Ensuite, prenez un rendez-vous pour faire l'amour. Cela peut paraître clinique, mais vous apprécierez de disposer d'une heure ou deux ensemble, sans autres responsabilités que l'étude des jeux érotiques. Et surtout ne négligez pas votre vie sexuelle en espérant que votre rythme de vie va bientôt se calmer, à moins que vous n'envisagiez sérieusement de réduire votre charge de travail, ce qui n'arrivera probablement pas.

Négocier un contrat sexuel

Le contrat sexuel est utile si les partenaires ne sont pas d'accord sur la fréquence des rapports sexuels, et, surtout, si l'un des deux veut des rapports quotidiens et l'autre pas. Le contrat consiste à allouer trois nuits par semaine à l'un des partenaires et trois nuits à l'autre, la septième nuit restant au choix. Les nuits qui sont les vôtres, vous pouvez décider ou non de faire l'amour. Quelle que soit votre décision, elle doit être respectée par votre partenaire. En pratique, le partenaire « en manque » dit toujours « oui » et l'autre dit toujours « non ». Le contrat est bénéfique cependant, parce que le partenaire « en manque » peut quand même avoir de fréquents rapports, et l'autre partenaire ne ressent plus la même pression sexuelle.

Ma femme veut des relations sexuelles quotidiennes, ce qui commence à me stresser considérablement. Que faire ?

Les hommes et les femmes qui ont un besoin quotidien de relations sexuelles incriminent souvent la vigueur de leur tempérament. Cependant, pour certaines personnes, les relations sexuelles ne sont qu'un moyen d'apaiser l'anxiété. Quelle que soit la raison, on ne devrait jamais forcer quiconque à faire l'amour. Vous avez parfaitement le droit d'essayer de changer les choses, en créant par exemple un contrat sexuel (voir ci-dessus). Ce contrat fera disparaître la pression exercée sur vous et obligera votre partenaire à reconsidérer vos besoins.

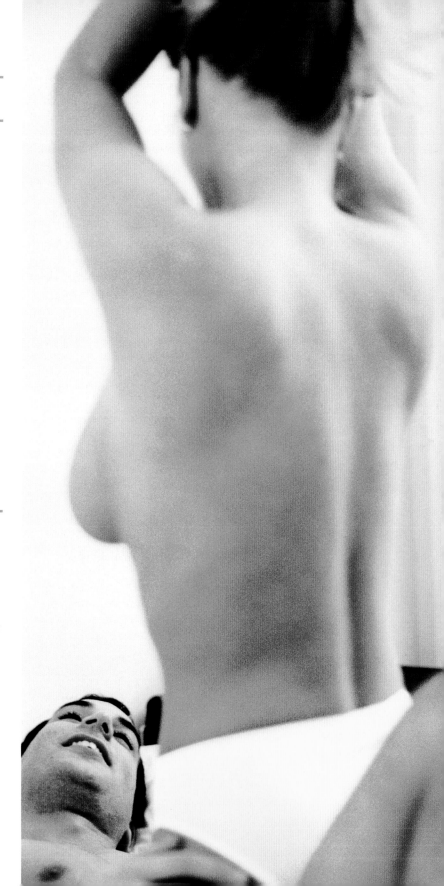

compatibilité sexuelle

J'ai l'impression d'être étouffée par mon ami. Au lit c'est toujours lui qui prend l'initiative et toujours lui qui domine. Comment renverser la situation ?

Au lieu d'envisager l'approche sexuelle de votre partenaire dans son intégralité, il vaudrait mieux essayer de vous attaquer à un seul aspect de votre vie sexuelle. Il n'aura pas ainsi l'impression de voir son univers s'effondrer. Expliquez-lui, par exemple, que vous aimeriez qu'il vous laisse prendre de temps en temps l'initiative. Vous pourriez aussi lui proposer un contrat sexuel (voir page 15) par lequel vous auriez la possibilité l'un et l'autre de choisir le moment et la façon de faire l'amour. Si votre partenaire refuse tout changement, utilisez la technique du robinet qui goutte (voir encadré page 18). S'il ne veut toujours pas faire sa part du chemin, il faudra peut-être reconsidérer votre relation. Si votre partenaire impose sa volonté au lit, il y a de grandes chances qu'il fasse de même en d'autres occasions.

Ma partenaire est incroyablement timide quand nous faisons l'amour et semble ne jamais pouvoir se détendre. J'aime le sexe et je suis très décontracté. Comment puis-je la persuader d'être moins coincée ?

Ne brusquez pas les choses mais rassurez-la, caressez-la ou faites-lui un massage relaxant et évitez toute pression sexuelle. Et si vous êtes au début de votre relation, prenez le temps de faire plus ample connaissance. Si rien ne marche de tout cela, essayez un petit (tout petit) verre d'alcool avant l'amour. Chez certaines personnes, en effet, l'alcool fait disparaître toutes les inhibitions. Pour les cas sévères, un médicament à base de papavérine peut agir sur les inhibitions. Naturellement, votre partenaire doit avoir le désir de surmonter sa timidité : il serait totalement néfaste de la forcer.

Mon ami ne désire que le rapport sexuel et les préliminaires ne l'intéressent pas. Son attitude m'empêche d'éprouver du désir ou d'avoir un orgasme. Que puis-je faire ?

Vous pouvez lui dire que vous auriez tous deux des orgasmes plus satisfaisants s'il prenait le temps d'éveiller votre désir. Demandez-lui de stimuler manuellement votre clitoris avant de vous pénétrer. S'il refuse d'accéder à cette demande ou à tout autre du même genre, il n'y a rien d'autre à faire que d'admettre que ses talents sexuels sont très limités et qu'il n'est peut-être pas l'amant qui vous convient.

précisions

Réduire les inhibitions

Les problèmes sexuels sont souvent causés par des complexes. Les inhibitions sexuelles les plus courantes sont la peur des odeurs corporelles pendant le rapport, le refus de se montrer nu, l'appréhension de dévoiler telle ou telle partie du corps, la nervosité devant certaines pratiques sexuelles comme l'excitation buccale, ou simplement une gêne ou une timidité excessive pendant le rapport sexuel.

La thérapie du comportement est une branche de la psychologie qui s'attaque aux inhibitions et aux phobies en exposant le patient à la source de son inhibition par une série d'étapes contrôlées. Vous pouvez en utiliser chez vous les techniques. Par exemple, si vous vous sentez mal à l'aise à l'idée de faire l'amour en plein jour ou avec la lumière, vous pouvez commencer dans une pièce éclairée par une simple bougie. Si tout va bien, vous ajoutez d'autres bougies puis vous allumez une lampe de chevet et enfin le plafonnier. Vous devez prendre peu à peu de l'assurance, et si l'une des étapes vous dérange encore, revenez simplement à l'étape précédente jusqu'à ce que vous soyez plus détendue. La thérapie du comportement utilise aussi les techniques de relaxation, comme la respiration profonde et le relâchement musculaire.

J'aime réellement mon amie, mais au lit, elle n'a aucune expérience. Comment puis-je lui apprendre à éveiller mon désir ?

Essayez le jeu de la carte géographique du corps. C'est un excellent moyen de découvrir les zones érogènes de l'un et de l'autre et la meilleure façon de les stimuler. Chacun passe 15 à 20 minutes à « tracer la carte » du corps nu de l'autre, en caressant de petites surfaces de peau avec le doigt jusqu'à ce tout le corps soit exploré, y compris les parties génitales. Celui qui reçoit les caresses évalue chacune selon le plaisir ressenti (de − 3 à + 3). Quand c'est votre tour, vous pouvez faire un commentaire plus élaboré, en indiquant à votre partenaire le type, la durée et la pression de la caresse qui vous excite le plus.

préci**sions**

Engager une discussion délicate

Il est parfois très gênant de parler avec son partenaire de problèmes sexuels ou d'incompatibilités. Vous devez rester ferme sur vos positions tout en gardant votre sensibilité et en restant courtois et attentionné.

• Choisissez un moment où vous serez sûr de ne pas être interrompus.

• Parlez toujours à la première personne. Dites « Je pense... » ou « Je sens... » et évitez de commencer une phrase par « Tu ». La première formule est simplement personnelle, alors qu'avec la seconde, le ton est accusateur. Cette approche permet à votre partenaire d'écouter avec une oreille impartiale. Et restez calme.

• Ne vous laissez pas démonter. Si votre partenaire dit : « Je préfère ne pas en parler », répondez-lui par exemple que vous vous trouvez dans une telle incertitude que vous devez absolument discuter.

• La technique du « robinet qui goutte » est utile si votre partenaire refuse de répondre clairement à vos questions. Répétez plusieurs fois la question sous différentes formes, jusqu'à ce que vous obteniez une réponse. Par exemple, dites : « Je sais que c'est difficile, mais pourrais-tu expliquer un peu mieux », puis « Je voudrais que tu reprennes tout cela avec moi pour que je comprenne. » Continuez ainsi jusqu'à ce que le point litigieux soit enfin éclairci.

• Assurez votre partenaire que vous n'allez ni le critiquer, ni avoir de réactions désagréables s'il dit ce qu'il pense.

• Encouragez votre partenaire. Dites-lui que vous voudriez que votre relation soit parfaite dans tous les domaines, d'où votre désir de communiquer.

• Prenez les devants en révélant vos doutes et vos points vulnérables.

• S'il (ou elle) explose, restez ferme et attendez qu'il (ou elle) soit calmé(e). Puis admettez son point de vue et encouragez-le (ou la) à continuer la discussion.

Pourquoi mon amie reste-t-elle si passive pendant que je fais tout le travail ?

Certaines personnes sont tout simplement paresseuses au lit. Essayez d'établir des « jours pour toi » et des « jours pour moi », pendant lesquels vous prendrez chacun à votre tour la responsabilité de la relation sexuelle. Une autre raison de l'apathie sexuelle est l'inhibition. Les personnes qui restent sur la défensive pendant l'amour demandent à être aidées pour retrouver une certaine confiance sexuelle. Le psychologue peut être d'un grand secours, ainsi que les encouragements massifs pendant l'activité sexuelle. Un peu d'alcool ou des médicaments antistress (si le problème est sérieux) accomplissent aussi des miracles. Une troisième raison de l'inertie sexuelle peut être également le désir de se contrôler. Certaines personnes ont l'impression de dominer si elles restent passives en recevant sans jamais donner. Si cela est le cas, aidez votre amie à explorer d'autres façons de dominer, comme de prendre l'initiative au lit !

Mon ami éjacule trop rapidement et n'a aucune idée de la façon de me stimuler. Comment améliorer les choses ?

Avez-vous exploré la technique de la compression (voir page 44) pour l'éjaculation précoce ? Cette technique peut aider votre ami à se contrôler. Vous de-

vez tout d'abord lui faire comprendre qu'il vous faut plus de temps et de caresses. Un autre exercice peut également vous être bénéfique, il s'agit du parcours sensuel (voir page 77). Vous pouvez vous exercer sans aide extérieure ou vous adresser à un sexologue qui vous donnera des « devoirs » à faire. Le parcours sensuel recouvre une série d'exercices qui vous permettront de contrôler vos réactions sexuelles, grâce aux caresses et aux massages. Explorez ces possibilités avant de quitter votre ami. Peut-être attend-il simplement que vous veniez à son secours !

J'ai trop sommeil le matin au réveil pour faire l'amour. Malheureusement mon amie préfère les relations sexuelles matinales. Que puis-je faire ?
Acceptez de faire l'amour le matin de temps en temps, bien que cela ne soit pas votre moment préféré. Vous pouvez aussi en discuter avec votre amie, à un autre moment qu'au réveil, en expliquant votre point de vue calmement, sans rancœur et en cherchant à établir un compromis satisfaisant. Par exemple, s'il vous arrive de vous lever avant votre amie (pendant les week-ends peut-être), surprenez-la quand elle se réveille.

Contrairement à mon partenaire, je n'aime pas particulièrement les jeux sadomasochistes. Jusqu'où dois-je les accepter ?
Si « je n'aime pas particulièrement » signifie « je déteste », vous devez dire à votre partenaire « désolée, j'aime beaucoup les jeux de l'amour mais pas ceux-là ». Si au contraire, vous n'avez pas vraiment de préférence, pourquoi ne pas vous livrer à ces jeux de temps à autre ? Peut-être votre ami pourrait-il en retour accéder à certains de vos

con seils

Accroître l'accord sexuel

Quand un couple est mal assorti physiquement (vagin large et petit pénis ou petit vagin et gros pénis, par exemple), vous pouvez compenser avec des positions spécifiques.

La femme se met à quatre pattes et l'homme la pénètre par derrière. Cette position permet à la femme de sentir la pénétration en cas de vagin large ou de petit pénis.

La femme est couchée sur le dos et ramène ses genoux vers la poitrine. L'homme la pénètre en posant les pieds de la femme sur ses épaules. Position convenant à l'association vagin large/petit pénis.

L'homme et la femme sont couchés sur le côté, en se faisant face. Elle pose la jambe supérieure sur la hanche de l'homme et celui-ci la pénètre. Position parfaite si la femme a un petit vagin ou/et l'homme un grand pénis. Position convenant à l'association vagin large/petit pénis.

La femme est sur le dos et l'homme la pénètre en étant couché sur elle. Elle referme ensuite ses jambes pour diminuer l'ouverture de son vagin. Bonne position pour les couples qui veulent réduire la pénétration quand l'homme a un grand pénis et la femme un petit vagin.

fantasmes ? Dans la vie, il faut savoir accepter les différences des autres et le sexe ne fait pas exception.

J'aime voir et sentir le corps nu de ma partenaire pendant l'amour, mais elle garde toujours sa chemise de nuit. Que puis-je faire ?

Vous pouvez essayer de lui retirer de manière extrêmement sensuelle. Par exemple, caressez légèrement les jambes de votre amie en remontant vers ses parties intimes puis relevez sa chemise de nuit vers ses épaules en vous arrêtant pour lui caresser les seins. Demandez-lui ensuite de lever les bras pour que vous puissiez enlever complètement sa chemise. Si votre amie refuse de se dénuder devant vous, demandez-lui de s'expliquer. Essayez de découvrir la raison de sa peur et rassurez-la. La plupart des gens se trouvent de gros défauts physiques alors que ces derniers sont généralement mineurs. N'oubliez pas cependant que, pour votre partenaire, ces défauts peuvent prendre des proportions alarmantes.

Mon partenaire pense que les odeurs corporelles sont excitantes mais moi, je ne peux faire l'amour que si j'ai pris une douche. Qui a raison ?

À moins que ces odeurs ne soient très fortes et très désagréables, je pense que vous avez probablement besoin de vous détendre un peu. Les odeurs sont partie intégrante du sexe, il est impossible de les éviter et elles sont même nécessaires à l'excitation sexuelle. En tant qu'animal humain nous sommes conditionnés pour réagir aux stimuli chimiques dont elles font partie. L'odeur des parties génitales de l'homme et de la femme et de leurs sécrétions peut être un aphrodisiaque naturel. Il semble que vous ayez quelques inhibitions corporelles qui peuvent venir de l'attitude de vos parents ou de règles d'hygiène trop strictes lorsque vous étiez enfant. Peut-être quelqu'un a-t-il critiqué autrefois votre hygiène personnelle. En vous précipitant sous la douche avant de faire l'amour, vous risquez de perdre toute spontanéité. Essayez de surmonter vos inhibitions en augmentant peu à peu le temps écoulé entre la douche et les relations sexuelles. Par exemple, faites l'amour une heure, puis deux ou trois heures après vous être lavée. Vous finirez par accepter de faire l'amour en prenant votre douche le matin ou la veille. Si vous avez l'impression que vous avez besoin d'aide, consultez un thérapeute du comportement.

J'adore le sexe quand il est sauvage, passionné et même un peu vulgaire. Mais il se trouve que pour mon amie il doit être romantique, tendre et délicat. Comment pouvons-nous nous entendre ?

Cette incompatibilité doit amener chacun de vous à accepter quelques compromis. Tempérez la sauvagerie de votre désir et demandez à votre amie de comprendre que l'acte sexuel peut être plein d'amour sans pour cela être romantique. Essayez aussi d'établir un contrat sexuel (voir page 15), en vous mettant d'accord pour que certains jours l'un ou l'autre puisse choisir de faire l'amour à son idée et prendre l'initiative. À ce contrat vous pouvez associer la technique « donner pour recevoir », par laquelle vous faites à votre amie ce que vous voudriez qu'elle vous fasse. Si votre amie souffre d'inhibitions, suggérez-lui de se reporter au programme de la page 16.

Mon ami refuse de se montrer nu devant moi. Que faire ?

Dites à votre ami que vous allez lui faire un massage sensuel. S'il refuse de retirer tous ses vêtements, n'insistez pas. Commencez par un massage de la tête, puis descendez lentement le long de son corps, en lui demandant de se dévêtir à mesure, ce qu'il acceptera s'il se sent détendu. Après quelques séances de massage, votre ami accordera moins d'importance à sa nudité et trouvera même que ses habits le gênent pour apprécier cette nouvelle expérience.

étude d'un cas

« J'ai toujours aimé parler en faisant l'amour, mais mon partenaire veut que je me taise. »

Karine, 37 ans

Avec mon premier ami, nous parlions sans arrêt en faisant l'amour. Cela faisait partie du jeu en prenant même une dimension érotique. Depuis, j'ai toujours aimé parler pendant l'amour. Je pensais que mon partenaire actuel, Marc, appréciait de m'entendre m'exprimer mais maintenant, après quelques mois de vie commune, cela l'agace et il veut que je me taise. J'ai essayé, avec pour résultat l'impression d'être bâillonnée. Je ne ressens plus de désir et j'en veux de plus en plus à Marc pour ce handicap.

Marc, 43 ans

Si je pensais que Karine était en train de me parler « à moi », je n'aurais pas d'objection. Mais peu à peu, je me suis rendu compte qu'elle parlait dans le vide et que n'importe quel interlocuteur aurait fait l'affaire. J'avais l'impression de perdre mon identité et je le lui ai dit. Je ne pensais pas qu'elle allait devenir totalement silencieuse. Je ne sais pas quel est le pire. Nos relations sexuelles n'ont plus aucune spontanéité et je voudrais pouvoir résoudre ce problème.

Commentaire :

« Le problème doit être résolu d'urgence, les sentiments de chaque partenaire ayant été froissés. Karine étant la « victime », c'est à Marc d'entamer le processus de changement. Marc doit montrer son amour à Karine et Karine doit rassurer Marc et lui dire que ses paroles lui sont exclusivement destinées, à lui et non pas à une sorte d'amant « générique ». Cet échange doit devenir une conversation où les deux partenaires discutent de ce qui est bon au lit et de ce qui ne l'est pas. Je recommanderais aussi à Karine et Marc les exercices du parcours sensuel de la page 77, qui sont étudiés pour redonner au couple les bases de l'entente sexuelle. »

stress et ennui

Nous sommes tous deux extrêmement stressés par notre travail, et même lorsque nous prenons le temps de faire l'amour, la passion a disparu. Que pouvons-nous faire ?

Si par ailleurs votre relation est saine, il est probable que votre vie personnelle est affectée par le stress de votre vie professionnelle. Le corps répond au stress avec des poussées d'hormones, adrénaline ou cortisone. Si elles sont occasionnelles et de courte durée, aucune conséquence n'est à craindre à long terme. Mais si les taux d'adrénaline et de cortisone sont constamment trop élevés, certains symptômes peuvent apparaître, irritabilité, humeur changeante, agressivité, fatigue, manque de concentration. Nous essayons souvent alors de faire disparaître ces symptômes avec de l'alcool, du tabac, du café et des sucreries, pour « donner un coup de fouet » à l'organisme et penser à autre chose. Malheureusement, ces « stimulants » augmentent encore le stress, et ce cercle vicieux finit par se répercuter négativement sur les relations affectives et sexuelles. Dans votre cas, quand vous arrivez à avoir un peu de temps à consacrer au sexe, vous êtes trop fatigués ou préoccupés. La solution est de vous attaquer aux causes plutôt qu'aux symptômes du stress. Demandez-vous si cela vaut la peine de conserver un travail qui gâche votre vie personnelle. Pouvez-vous faire marche arrière et être moins ambitieux ? Certains deviennent dépendants du stress et n'arrivent pas à s'en libérer. Lisez l'encadré page 46.

Mon ami qui a 25 ans est toujours trop fatigué pour faire l'amour. Il est continuellement patraque, de mauvaise humeur. Il dit que son travail le stresse. Dois-je le croire ?

Votre ami montre tous les symptômes de l'épuisement. Il souffre de stress depuis trop longtemps et a probablement atteint le palier où il commence à en ressentir les effets, physiquement et affectivement. Dépression, somnolence, inertie, irritabilité, manque de désir sexuel et infections fréquentes comme les rhumes et la grippe (le système immunitaire étant déficient) font partie de ces symptômes. Essayez d'être compréhensive, encouragez votre ami à considérer son stress d'un regard objectif et, si possible, à le réduire. Si votre ami souffre de dépression ou a des problèmes d'érection, suggérez-lui d'aller consulter un médecin.

Ma femme passe tout son temps à s'occuper de nos deux jeunes enfants et à soigner sa mère âgée. En conséquence, il ne lui reste aucun loisir pour le sexe, l'amour, l'intimité. Que puis-je faire ?

Votre femme doit probablement souffrir d'un stress important. Ce que vous pouvez faire de mieux pour elle est de l'aider dans sa tâche. Vous pourriez partager les corvées domestiques ou chercher une aide extérieure pour s'occuper des enfants ou de sa mère. Il est également important de trouver le moyen de nourrir votre relation en tant que couple, même si votre vie sexuelle est absente, en essayant de conserver votre relation intime par de petits gestes quotidiens. Gardez du temps pour être seuls ensemble, ne serait-ce que dix minutes

par jour, et prévoyez des sorties de temps à autre. Surtout, continuez à parler à votre femme, comprenez-la et apportez-lui un soutien inconditionnel.

Notre vie sexuelle m'ennuie. J'ai l'impression d'une routine, toujours la même depuis des années. Que s'est-il passé ?

Les couples vivant depuis longtemps ensemble peuvent faire l'amour de la même façon pendant 20 ans ou plus. Au début, le couple se livre générale-ment à des expériences de toutes sortes. Il découvre ce qui marche et ce qui ne marche pas. La plupart des gens ont tendance ensuite à s'en tenir à la même routine pour la simple raison qu'elle leur convient. Les problèmes n'apparaissent que des années plus tard, quand les relations sexuelles deviennent ennuyeu-ses. Apporter de la variété dans une relation de longue durée est un vrai défi. Essayez certaines des suggestions données dans le chapitre 5.

Nous essayons d'avoir une vie sexuelle satisfaisante, mais l'étincelle paraît avoir disparu. Nous nous aimons toujours profondément Notre mariage est-il en danger ?

Selon le psychologue Robert Sternberg, une relation amoureuse se construit avec trois éléments : le partage intime, la passion et l'intérêt mutuel. Dans une relation idéale, chaque élément est pré-sent en quantité égale. Une relation n'a cependant pas besoin d'être parfaite et beaucoup survivent même si l'un des éléments est absent ou insuffisant. Dans votre cas, la passion a disparu, mais vous partagez assez d'intimité et d'inté-rêt l'un pour l'autre pour compenser. De plus, ce n'est pas parce que l'étin-celle est absente que vous devez cesser complètement de faire l'amour.

infidélité

Je soupçonne mon partenaire d'avoir une liaison. Comment puis-je en être sûre ?

La seule façon d'en être sûre est d'obtenir un aveu. Voici quelques indices courants. Aucun d'eux ne constitue cependant une preuve, et tous peuvent avoir d'autres explications :

• Une certaine distance s'établit entre vous et votre partenaire.

• Changements inattendus dans le comportement intime ou sexuel.

• Cadeaux inhabituels.

• Votre partenaire passe plus de temps dehors, pour affaires ou pour prendre un verre avec des amis (surtout si il/elle est injoignable pendant ce temps).

• Votre partenaire téléphone ou répond dans une autre pièce.

• Vous recevez des appels téléphoniques et votre correspondant raccroche en entendant votre voix (surtout si l'affichage du numéro révèle un numéro sur liste rouge).

• Votre partenaire passe un temps considérable, en privé, à envoyer des e-mails.

Mon amie est d'une jalousie maladive, changeante et agressive. Elle croit que je flirte ou que j'ai une liaison avec toutes les femmes que je rencontre, ce qui est faux. Comment la convaincre ?

Ce comportement inquiétant indique que votre amie projette sur vous son sentiment d'insécurité et ses doutes. Ce sentiment d'insécurité doit être très profond et il est probable (à moins que vous ne lui ayez été infidèle dans le passé) qu'il date de bien avant votre relation. Votre amie a sans doute appris à ses dépens à ne faire aucune confiance à l'amour, ou à l'associer à la trahison. Elle a peut-être été abandonnée autrefois par ses parents, des amis ou des amants. Aujourd'hui qu'elle aime à nouveau, elle se sent vulnérable et se défend en accusant et en étant agressive. Il est très important que vous évitiez de « collaborer » avec la jalousie de votre amie. Quand elle vous accuse d'avoir une liaison, n'essayez pas de la détromper, ce qui ne ferait que nourrir ses fantasmes. Encouragez-la plutôt à parler d'elle-même, de son sentiment d'insécurité et de sa souffrance. Si possible, suggérez-lui de parler de la situation dans l'environnement impartial du cabinet d'un psychologue.

J'ai trouvé dans la mallette de mon mari un magazine de petites annonces dont certaines étaient entourées au crayon. Cela signifie-t-il qu'il m'est infidèle ?

Ces petites annonces sont pour lui l'occasion de se fabriquer quelques fantasmes. Vous vous posez sans doute des questions sur sa fidélité, sinon vous

précisions

Apaiser la tempête de l'infidélité

Si le pire est arrivé et que vous ayez découvert la liaison de votre partenaire (ou vice versa), vos nerfs seront probablement mis à rude épreuve. Laissez la tempête s'apaiser avant de prendre des décisions irréversibles.

• Ne laissez pas le silence s'installer entre vous, mais continuez à vous parler.

• Acceptez l'idée que les semaines et les mois à venir seront douloureux.

• Confiez-vous à des amis.

• Si vous voulez rester ensemble, vous devrez analyser votre relation en détail et peut-être consulter un conseiller conjugal.

• Essayez de rester objectif, même lorsque tout va mal. Parfois cela peut aider de considérer votre partenaire comme un ami et non comme un amant.

• Si cela est possible, essayez de rester calme. Gardez votre chagrin pour l'intimité.

• Créez dans votre vie des espaces de stabilité qui vous donneront la force de continuer.

• Évitez de ressasser indéfiniment la même conversation. Essayez d'explorer de nouveaux domaines quand vous parlez à votre partenaire.

• Acceptez le fait que, si la crise est due à une seule personne, le travail de guérison doit se faire à deux.

n'auriez pas fouillé dans sa mallette. Si vous voulez aborder ce problème, il vaut mieux mettre à plat votre relation tout entière plutôt que simplement confronter votre mari avec cette « preuve » obtenue par des moyens détournés. Dites-lui que vous avez l'impression de vous éloigner de lui et demandez-lui s'il ressent la même chose pour vous.

Je suis sur le point d'avoir une liaison, mais je ne sais pas si je commets une erreur ou non. Que décider ?

Une liaison pouvant avoir des conséquences considérables et parfois catastrophiques, il est nécessaire de prendre le temps de réfléchir sur vos choix. Envisagez l'issue la plus défavorable et essayez de voir comment vous réagiriez. Par exemple, quelle serait votre réaction si vous perdiez votre relation actuelle et tout ce qui va avec (votre maison, par exemple) ? Cela serait-il un désastre ou pensez-vous que le jeu en vaut la chandelle ? Et si votre liaison tournait court ? Analysez aussi vos raisons de vouloir

---

Qu'est-ce que cela signifie si...
je n'arrête pas de fantasmer sur une liaison passionnée et imaginaire ?

• Vous êtes affamé d'amour et d'affection.
• Vous avez l'impression d'être privé de sexe.
• Vous avez un imaginaire débridé et éprouvez l'un de vos fantasmes favoris (sans avoir l'intention de le réaliser).
• Dans votre relation actuelle, vous n'arrivez pas à exprimer vos sentiments passionnés.
• Vous avez besoin de cristalliser votre énergie créative et une liaison fictive vous en paraît le parfait symbole.

---

cette liaison. Si elles sont dictées par des problèmes dans votre relation actuelle, ne pourriez-vous pas tout d'abord essayer de résoudre ces problèmes ? Malheureusement, vous ne pouvez savoir si une liaison est une erreur qu'après l'avoir expérimentée, mais alors, évidemment, il est trop tard...

Bien que ma vie sexuelle ne me satisfasse pas, je refuse d'avoir une liaison et j'ai préféré reprendre mes études.

Mon mari éprouve autant de jalousie que si je le trompais. Que puis-je faire ?

Ce témoignage montre parfaitement que le mécanisme de la jalousie n'est pas uniquement une affaire de sexe. Votre mari se sent négligé, rejeté, trahi, parce qu'il est exclu d'une importante partie de votre vie (comme ce serait le cas si vous aviez une liaison). De votre côté, vous sublimez vos problèmes conjugaux au lieu de vous y confronter (là aussi, vous feriez de même dans une liaison). Vous devez décider si la jalousie de votre mari est le comportement d'un « enfant gâté » ou si, en tournant le dos à votre relation, vous êtes responsable de son inquiétude. Un psychologue pourrait vous aider à y voir clair.

J'ai trompé ma femme une seule fois. Je le regrette, et cet épisode ne signifie rien pour moi. Si elle ne l'apprend jamais, est-ce vraiment mal de lui cacher cette aventure ?

Il faut parfois savoir se taire et chacun a le droit d'avoir un jardin secret. Si vous êtes tout à fait sûr que votre femme ne risque jamais de découvrir la vérité, il est peut-être sage de la garder pour vous. Mais comment être absolument sûr ? Dans une aventure il

Les faits

Certaines études ont montré que près de 50 % des hommes et des femmes font l'expérience de l'adultère au moins une fois dans leur vie. Cependant, la plupart des couples ne considèrent plus une aventure extra-conjugale isolée comme une cause de divorce.

y a au moins une autre personne qui est impliquée. Pourquoi cette personne ne se confierait-elle pas à une amie, laquelle raconterait l'histoire à d'autres amis, etc. ? Supposez aussi qu'un sentiment de remords vienne un jour altérer votre relation ? Vous devez envisager toutes ces possibilités afin de choisir vraiment en toute connaissance de cause.

J'ai une liaison et n'arrive pas à choisir entre ma femme et ma maîtresse. Est-il possible d'aimer deux personnes en même temps ?

Oui, sans aucun doute, ce qui rend extrêmement difficile le choix auquel vous êtes confronté. L'une des possibilités est d'attendre, vos sentiments pouvant se cristalliser avec le temps. Mais si chacune de vos partenaires connaît l'existence de l'autre, cette approche risque de provoquer beaucoup de souffrances. De plus, vos partenaires peuvent décider elles-mêmes de leur destin et s'éloigner de vous. S'il vous faut choisir entre une relation établie depuis longtemps dans laquelle vous aimez toujours votre partenaire, et une romance toute nouvelle fondée sur le sexe, je voudrais vous rappeler que romantisme et passion ont tendance à s'effilocher après les six premiers mois. Pour cela, il vaut mieux examiner votre nouvelle relation en la projetant dans l'avenir. Imaginez où et avec qui vous aimeriez être dans cinq ans.

J'ai toujours dit que je quitterais mon mari s'il avait une liaison. C'est le cas aujourd'hui et je ne sais plus quoi faire. Il ne veut pas que je m'en aille, mais je suis furieuse et bouleversée. Que dois-je faire ?

Votre trouble et votre incertitude viennent probablement de l'ignorance où vous êtes de ce qui va arriver. Votre colère montre la force de votre attachement à votre mari. Il serait sage d'examiner sérieusement la situation avant de partir. Une aventure extra-conjugale peut amener un couple à réfléchir sur la relation qui l'unit, et même à la rendre plus solide. Le processus est douloureux, comme tous les changements. Ne vous croyez

pas obligée de rester sur vos positions. Changer d'avis peut être un signe de maturité et montre que vous avez appris quelque chose de nouveau. Essayez de parler de vos problèmes à un psychologue, chez lequel vous aurez tout loisir de crier et hurler votre peine.

Mon amie a couché avec un autre et j'ai l'impression d'être détruit. Comment pourrais-je jamais la laisser s'approcher de moi ?

Vous éprouvez les sentiments de quelqu'un qui a été trahi. Vous avez subi un choc, vous êtes perturbé et en colère, et cela est normal. Mais en ce moment, vous ne voyez qu'un seul côté des choses. Des relations intimes avec votre amie vous paraissent impensables, mais cela ne durera pas éternellement. Si vous pouviez lui montrer ce que vous ressentez et si elle pouvait vous convaincre qu'elle comprend votre état d'esprit, vous auriez encore une chance de rétablir votre relation. Vous n'avez pas envie de vous en approcher, mais si vous lui laissez une place dans votre esprit, votre cœur se remettra peut-être à battre pour elle.

Comment puis-je apprendre à faire confiance à mon ami ? Il m'a été infidèle par le passé.

Si votre ami vous dit qu'il est préparé aujourd'hui à construire un avenir avec vous, vous devez travailler à retrouver peu à peu votre confiance. Tout d'abord, il vous faudra comprendre pourquoi il a été infidèle, et admettre que les choses sont différentes aujourd'hui. Vous devez aussi lui parler ouvertement et avec honnêteté. Si vous êtes capable d'exprimer votre anxiété et s'il peut vous assurer de sa franchise, votre relation aura alors une chance de survivre. Si vous avez l'impression que votre manque de confiance en lui altère votre relation, envisagez une consultation chez un psychologue.

Pourquoi ma vie sexuelle avec mon amie s'est-elle améliorée depuis que j'ai une liaison ?

Votre liaison vous apporte une certaine excitation, de l'érotisme, la peur du danger, et augmente votre désir physique. En conséquence, cette énergie sexuelle supplémentaire se fait sentir dans votre relation avec votre amie. Il se peut aussi que vous essayez consciemment d'améliorer votre relation sexuelle avec votre amie, pour atténuer le sentiment de culpabilité causé par votre liaison.

étude d'un cas

« Je continue à les voir tous les deux. »

Jeanne, 42 ans

Je n'avais que 17 ans quand j'ai épousé Laurent, et il n'y a rien d'étonnant à ce qu'à 27 ans je sois tombé amoureuse de quelqu'un d'autre. Ma vie sexuelle n'était guère satisfaisante avec Laurent, mais Robert me comblait. Cela dit, je n'ai jamais voulu quitter Laurent. Il faisait partie de moi-même et j'aurais eu l'impression d'être amputée. De plus, nous avions trois enfants que j'aimais tendrement. Je continuai donc à voir les deux hommes, chacun d'eux étant au courant. Sept ans plus tard, Robert m'a quitté. Il s'était rendu compte que je ne vivrais jamais avec lui. Laurent passait alors la plus grande partie de son temps dans notre maison de campagne. L'important, c'est que nous sommes restés mariés et que je continue à l'aimer.

Laurent, 48 ans

Survivre à la liaison de Jeanne avec Robert fut très douloureux et je ne souhaite rien de tel à mon pire ennemi. J'ai essayé d'oublier en faisant beaucoup de sport de compétition et j'ai eu moi-même une liaison qui se termina quand ma partenaire se rendit compte que je ne quitterais pas Jeanne. Maintenant nous avons vieilli, Jeanne et moi, et nous avons réussi à créer un compromis. Nous vivons entre nos deux maisons, passons beaucoup de temps séparés, mais nous sommes toujours très amis. Nous avons encore des relations sexuelles occasionnelles. Même si nous nous disputons parfois, nous nous entendons parfaitement. Jeanne veut vieillir avec moi et cela compte beaucoup.

Commentaire :

« *Ce mariage ne représente certainement pas le mariage idéal pour la plupart des gens mais la relation de Jeanne et Laurent était assez forte pour supporter des problèmes dont elle est même sortie plus solide. Une relation ne peut durer que si l'un des partenaires (ou les deux) garde sa foi en la solidité du couple et la certitude que tout doit être tenté pour le sauver. Dans ce cas, la conviction profonde de Laurent a permis de préserver la relation.* »

dilemmes sexuels

J'ai menti à mon partenaire sur ma vie sexuelle. En fait, j'ai eu bien plus d'aventures que je n'en ai avouées et une vie sexuelle beaucoup plus pimentée. Je voudrais aujourd'hui lui dire la vérité, mais j'ai peur des conséquences. Que dois-je faire ?

C'est la profondeur de votre relation qui dictera votre conduite. Si, par exemple, vous avez l'intention de passer le reste de vos jours avec cette personne, il vaut sans doute mieux effacer l'ardoise pour ne pas vous sentir coupable pendant toute votre vie. Votre décision peut dépendre également des chances qu'à votre partenaire de découvrir la vérité sur votre histoire sexuelle. Une franchise totale vous permettra de vous détendre en sachant que votre partenaire vous aime et vous accepte quel que soit votre passé. Un autre élément est à considérer : si votre partenaire vous juge sévèrement, peut-être vaut-il mieux ne pas rester avec quelqu'un dont le point de vue sur la sexualité est totalement différent du vôtre ? Si vous optez pour la franchise, sachez que la plupart des gens réagissent assez mal aux révélations de mensonges passés. Expliquez pourquoi vous avez voulu oblitérer votre passé et attendez-vous à de la colère et des pleurs.

J'ai fait l'amour virtuellement avec une fille sur Internet. Je n'en ai rien dit à mon amie. Le problème est que la fille que j'ai rencontrée sur Internet veut me voir « en vrai ». Que pourrais-je faire ?

L'étiquette habituelle qui s'instaure entre inconnus est totalement absente d'Internet et les internautes n'ont pour ainsi dire aucune inhibition. Ils peuvent créer une relation online intense qui devient rapidement sexuelle et aussi engagée affectivement qu'une « vraie » relation. Si vous acceptez de rencontrer votre amie internaute, vous devez être très clair sur vos motifs, qui sont — si vous êtes vraiment honnête — d'avoir des relations sexuelles. Cela n'aurait pas d'importance si vous n'aviez déjà une amie. Posez un regard objectif sur votre relation actuelle et demandez-vous si elle compte réellement pour vous. Ne vous leurrez pas en vous persuadant que cette rencontre est sans importance. Vous avez déjà connu cette fille intimement et vous ferez certainement l'amour dès votre première rencontre.

précisions

Résoudre un dilemme

- Un dilemme impliquant des choix difficiles, énoncez d'abord clairement les différentes possibilités. Y a-t-il une troisième, une quatrième éventualité que vous n'avez pas encore étudiée ?
- Envisagez clairement les conséquences de chaque choix.

- Discutez du problème avec une troisième personne impartiale, ami intime ou conseiller conjugal.
- Lorsque vous vous êtes décidé, n'hésitez pas et ne revenez pas en arrière, mais lancez-vous avec tout votre cœur.

Ma femme passe des heures sur les chatrooms d'Internet et je crois qu'elle a une liaison avec un internaute. Elle assure qu'elle ne fait que s'amuser et que tout cela est très innocent. Ai-je tort de m'inquiéter ?

Certainement pas. Les relations sur Internet peuvent devenir sexuelles, et cela arrive souvent (elles consistent alors en un échange de messages explicites et de masturbations). Une relation sexuelle virtuelle peut donner l'impression d'être aussi réelle et intense qu'une relation conventionnelle, les internautes éprouvant alors le besoin de se rencontrer. Des couples en arrivent même à se séparer ou à divorcer. D'un autre côté, beaucoup de relations sexuelles virtuelles restent superficielles et ne durent que le temps d'un seul échange ou, au plus, quelques jours. Votre femme doit comprendre qu'en s'éloignant de vous, elle coupe le lien affectif et empêche la communication indispensable à toute relation réussie. Elle doit aussi réaliser que le sexe virtuel et le flirt peuvent sérieusement endom-

mager votre relation. Essayez de répondre au besoin de changement de votre femme en sortant avec elle le soir, par exemple. Si son intérêt pour les rencontres virtuelles est le signe d'un malaise plus profond dans votre relation, vous feriez sans doute mieux de consulter un conseiller conjugal.

Nous avons cessé de faire l'amour depuis longtemps et ma femme m'a récemment suggéré de consulter un sexologue. Le seul problème est que j'envisage de cesser cette relation. Dois-je accéder à la demande de ma femme en dernier recours ou simplement la quitter ?

Si vous essayez de suivre une thérapie sexuelle, vous aurez au moins l'impression d'avoir fait un effort. Si vous voulez encore quitter votre femme après avoir commencé la thérapie, vous pourriez profiter des séances pour expliquer votre décision. Votre partenaire voudra sûrement discuter de votre départ éventuel et même si vous avez pris votre décision, cela ne paraît pas être son cas. Elle sera probablement bouleversée et aura besoin d'aide. Il existe également une toute petite chance que la thérapie sexuelle donne des résultats et que vous changiez d'avis. Cela vaut la peine d'essayer.

Mon mari et moi ne faisons plus l'amour et ne nous parlons même plus. Je voudrais m'adresser à un conseiller conjugal, mais je sais que mon mari refusera. Dois-je consulter en secret ou essayer d'en parler avec lui ? Il déteste étaler ses sentiments.

Il est très courant pour une femme de recourir à une thérapie alors que son partenaire refuse énergiquement. Très souvent, l'homme finit par s'intéresser aux séances auxquelles se rend sa femme. Si après deux ou trois séances, vous dites à votre mari que le thérapeute voudrait entendre sa version de l'histoire, vous serez peut-être surprise de sa bonne volonté. Donc, pour commencer, si votre mari refuse d'aller avec vous, allez consulter seule. En discutant avec le thérapeute, vous apprendrez peut-être à améliorer votre mariage.

Mon ami est un amant formidable mais un compagnon nul. Si ce n'était pour notre vie sexuelle, je l'aurais déjà quitté. Mais j'ai trop peur de ne pas retrouver un amant aussi doué. Que dois-je faire ?

Le sexe n'est qu'une partie d'une relation à long terme, une partie extrêmement importante au début, mais qui prend sa juste place à mesure que le temps passe. C'est probablement ce qui vous arrive aujourd'hui. Si votre ami ne vous estime pas ou vous maltraite d'une façon ou d'une autre, il vaut mieux que vous le quittiez, pour que vous retrouviez le respect de vous-même. Un excellent roman, *La Chute*, d'Elizabeth Howard, illustre l'exploitation de la femme au nom du sexe. Votre relation n'est probablement pas aussi dramatique que celle du livre, mais elle peut lui ressembler. Une rupture nette et franche est probablement la meilleure solution. Si vous vous inquiétez pour votre future vie sexuelle, sachez qu'après

quelque temps, de nombreuses femmes ressentent le « syndrome de la Belle au bois dormant » et sont beaucoup moins en manque qu'elles ne le craignaient.

Ma femme a rapporté à la maison un magazine de lesbiennes que nous trouvions tous deux très érotique. Maintenant que je sais combien elle est excitée par les femmes, j'ai des doutes sur sa sexualité. Dois-je lui en parler ?

Beaucoup de gens fantasment sur des faits qui ne se produisent jamais. Si votre femme aime « imaginer » des scènes de

sexe entre lesbiennes, cela ne prouve rien. Parlez-lui si vous le désirez, mais n'oubliez pas qu'il existe généralement une frontière nette entre les fantasmes et les désirs réels. Certains homosexuels seront excités en imaginant deux hétérosexuels en train de faire l'amour, sans pour cela vouloir en faire autant !

J'ai découvert une pile de magazines pornographiques dans l'atelier de mon mari. Je suis très perturbée, d'autant plus que notre vie sexuelle n'est guère satisfaisante. Dois-je laisser passer ou en discuter avec mon mari ?

Pour certains hommes, les magazines pornographiques sont une sorte de passe-temps sexuel sans grande signification. Mais si cette préoccupation est associée à une relation sexuelle déce-vante, il se passe quelque chose d'autre. Le porno peut apporter un plaisir sexuel libéré des exigences et des responsa-bilités du sexe « réel ». En d'autres termes, il est beaucoup plus facile d'être un « mâle » avec une femme en pleine page qu'avec vous dans un lit. Parlez à votre mari des magazines que vous avez trouvés. Encouragez-le à essayer d'amé-liorer votre vie sexuelle. Si vous n'arrivez pas à résoudre ce problème par vous-même, consultez un sexologue.

J'ai besoin d'être humilié sexuel-lement pour être excité. Je ne sais comment aborder ce sujet avec mon amie. Je ne veux pas l'effrayer. Un amour partagé peut-il être sadomasochiste ?

Il arrive que des relations sexuelles se forment sur des bases sadomasochistes et que des partenaires sadomasochistes se transforment en épouses (et maris). Le sadomasochisme étant encore absent de votre relation, vous devez être très

prudent. Connaissez-vous bien votre amie ? Aime-t-elle la fantaisie dans les relations sexuelles ? Peut-elle accéder à vos requêtes ? Si une personne veut vraiment quelque chose, elle arrive souvent à se persuader que son partenaire acceptera sans broncher ses révélations. Et elle peut se tromper complètement. De plus, l'humiliation infligée par une partenaire que vous connaissez depuis longtemps peut manquer de piment. Essayez d'autres jeux de l'amour, quelques claques ou des fessées et voyez comment réagit votre amie.

Mon ami veut que je sois son esclave sexuelle, ce qui me rend assez nerveuse. Que dois-je faire ?

Demander à votre ami ce qu'il veut dire exactement. Il désire probablement que vous lui jouiez toutes ses scènes érotiques préférées pendant qu'il est étendu sur le lit. Pour la plupart des gens, l'esclave sexuelle doit participer à un jeu de rôle sexuel et non recevoir des injures, des coups ou des mutilations. Le but est d'explorer la domination et la soumission librement consentis. Certaines personnes ressentent un plaisir érotique à éprouver un sentiment de puissance ou de vulnérabilité pendant l'acte sexuel. Vous trouverez un célèbre portrait de fiction dans le livre de Pauline Reage, *Histoire d'O*. Si vous en aimez l'idée, vous pourriez aussi jouer à des jeux sexuels, à condition d'avoir une totale confiance. Dans le cas contraire, n'essayez pas.

J'ai 42 ans et j'envisage une relation sexuelle avec un jeune homme de 22 ans. La différence d'âge m'inquiète et j'ai peur de la réaction de mes amis. L'âge a-t-il tant d'importance ?

Si la différence d'âge ne vous gêne ni l'un, ni l'autre, la relation sexuelle ne doit poser aucun problème. Vous pouvez apprendre beaucoup l'un de l'autre sexuellement et trouver le processus plutôt réjouissant. Cela dit, il existe certaines difficultés inhérentes à une relation entre des personnes d'âge très différent. Si votre relation devient sérieuse et durable, comment aborderez-vous les différentes étapes de la vie ? Le style de vie qui vous plaît à 42 ans peut être très différent de celui que désire votre partenaire de 22 ans. Serez-vous capable tous deux de faire des compromis ? Et que se passera-t-il dans 5 ans ? Vous devez envisager ces problèmes avant d'être trop engagée affectivement. Ne vous inquiétez pas pour vos amis. S'ils vous critiquent, c'est plus probablement par jalousie que par une réelle désapprobation.

sexuellement complémentaires ?

Vous vous rencontrez, tombez amoureux et commencez une relation, mais êtes-vous sexuellement complémentaires ? Aimez-vous faire les mêmes choses en même temps, ou y a-t-il des différences importantes dans votre sexualité ?

Vos pulsions sexuelles et celles de votre ami sont-elles :

☐ **A** Semblables ?

☐ **B** Légèrement différentes, mais ce n'est pas un problème ?

☐ **C** Déséquilibrées, ce qui peut être source de problèmes ?

Votre partenaire veut essayer le rapport anal :

☐ **A** Vous trouvez que c'est une bonne idée, vous voulez tout essayer ?

☐ **B** Vous n'êtes pas très sûr(e) mais vous voulez bien essayer ?

☐ **C** Vous refusez ?

Votre partenaire vous suggère un jeu de rôle en vous déguisant pour pimenter votre relation :

☐ **A** Vous enfilez une robe sexy et inventez un scénario érotique ?

☐ **B** Vous voulez bien jouer un rôle, mais refusez de vous déguiser ?

☐ **C** Vous détestez l'idée. Vous préférez rester vous-même ?

Votre partenaire commence à utiliser un vocabulaire porno pendant l'amour :

☐ **A** Vous adorez et faites de même ?

☐ **B** Cela vous amuse médiocrement ?

☐ **C** Cela vous embarrasse ?

Votre position sexuelle favorite est-elle :

☐ **A** La même que celle de votre partenaire ?

☐ **B** Différente de celle de votre partenaire, mais il (elle) l'apprécie également ?

☐ **C** Différente de celle de votre partenaire et il (elle) essaye de l'éviter ?

Lorsqu'il est question de stimulation buccale, votre partenaire :

☐ **A** Vous satisfait pleinement ?

☐ **B** Accepte de temps en temps, mais vous aimeriez plus souvent ?

☐ **C** Doit recevoir de nombreux encouragements ?

La longueur des préliminaires nécessaires à votre partenaire est-elle :

☐ **A** Exactement la même que pour vous, vous êtes toujours prêts en même temps pour l'acte sexuel ?

☐ **B** Pas vraiment la même, mais la différence n'est pas gênante ?

☐ **C** Complètement différente. L'un d'entre vous est toujours prêt avant l'autre ?

Quand votre partenaire vous masturbe :

☐ **A** Vous vous couchez pour mieux apprécier la merveilleuse sensation ?

☐ **B** Vous appréciez, mais vous guidez la main de votre partenaire de temps en temps ?

☐ **C** Vous gardez votre main sur celle de votre partenaire pour être sûr(e) qu'il ne s'égare pas ?

Quand il s'agit de prendre des initiatives :

☐ **A** Ressentez-vous tous deux la même ardeur ?

☐ **B** L'initiative est souvent unilatérale mais cela ne pose pas de problèmes ?

☐ **C** L'initiative est toujours unilatérale ce qui rend le rapport sexuel moins satisfaisant ?

Les orgasmes que vous éprouvez avec votre partenaire sont-ils :

☐ **A** Fantastiques et toujours au rendez-vous ?

☐ **B** Généralement excellents ?

☐ **C** Agréables quand ils se produisent ?

Vous voulez faire l'amour debout :

☐ **A** Tout excité, votre partenaire vous colle contre le mur ?

☐ **B** Il (elle) dit qu'il (elle) va essayer ?

☐ **C** Il (elle) suggère une autre position qui lui plaît mieux ?

Aimez-vous faire l'amour :

☐ **A** N'importe quand ?

☐ **B** Pas toujours en même temps que votre partenaire ?

☐ **C** Toujours à un autre moment que votre partenaire ?

Les positions que vous et votre partenaire appréciez sont-elles :

☐ **A** Nombreuses et variées ?

☐ **B** Peu originales, mais elles vous conviennent ?

☐ **C** Toujours les mêmes et ennuyeuses ?

Quand vous parlez de votre sexualité :

☐ **A** Parlez-vous facilement avec votre partenaire ?

☐ **B** Vous en parlez seulement s'il y a un problème ?

☐ **C** Vous trouvez difficile d'en parler avec votre partenaire ?

RÉPONSES

A majoritaires. L'union parfaite ! Vous vous entendez bien avec votre partenaire et vous aimez parler de sexe et explorer de nouvelles possibilités. Votre relation est équilibrée, avec une grande variété sexuelle et le désir de répondre aux besoins de l'autre. Vous avez confiance l'un en l'autre et vous voulez avant tout que votre relation sexuelle soit gratifiante.

B majoritaires. Votre vie sexuelle est satisfaisante, mais vous devriez essayer de la pimenter un peu. Vous savez comprendre les besoins de l'autre. Cependant, en parlant de vos désirs sexuels et en passant plus de temps ensemble, vous améliorerez encore votre relation au lit. Peut-être l'initiative n'est-elle pas assez partagée. Si cela est le cas, essayez de « prendre des tours », ce qui permettra au partenaire concerné de retrouver sa confiance.

C majoritaires. Cette relation peut évoluer, mais vous devrez discuter de votre vie sexuelle et de vos besoins mutuels. Si votre relation ne fait que débuter, il n'y a aucune raison pour que vous n'arriviez pas à développer une vie sexuelle satisfaisante. Peut-être souffrez-vous de certaines inhibitions. Prenez le temps de parler de vos besoins et de vos appréhensions. Construire une relation sexuelle peut prendre du temps avant de découvrir ce qui marche réellement pour chacun de vous.

masculines

L'homme est censé être plein d'assurance, de savoir et d'expérience sexuels, en dépit du fait qu'on ne l'encourage guère à poser des questions. Ces questions/réponses recouvrent tous les aspects de la sexualité masculine.

l'amour-propre sexuel

Mon physique n'est pas celui qui attire les femmes. L'une de mes partenaires m'a même dit un jour que ce serait plutôt le contraire. Comment puis-je augmenter mon sex-appeal ?

Le sex-appeal est l'une des choses les plus difficiles à définir, et comme il s'agit ici d'une opinion totalement individuelle et subjective, encore plus difficile à manipuler. Ce n'est pas parce qu'une seule femme vous trouve peu attirant que toutes les autres penseront de même. Au lieu de vous polariser sur ce que vous ne pouvez changer, concentrez-vous sur ce que vous pouvez modifier. Pratiquez une propreté scrupuleuse, portez des vêtements où vous vous sentez à l'aise, et soignez votre corps en mangeant sainement et en faisant de l'exercice. Et surtout, gardez le sens de l'humour. Un homme qui fait rire une femme a déjà gagné la partie.

Je suis trop gros et n'imagine même pas qu'une femme s'intéresse à moi. Dois-je tout simplement abandonner jusqu'à l'idée d'une vie sexuelle ?

Dans ce bas monde, si vous avez assez d'assurance, la plupart des gens vous trouveront attirant, quel que soit votre physique. Pour commencer, dites-vous bien qu'une partenaire potentielle s'inquiétera tout autant de l'effet qu'elle produit sur vous. Si votre poids continue à être un obstacle insurmontable, vous pourriez demander à un médecin de vous aider par un régime sous contrôle médical, mais, croyez-moi, votre aspect

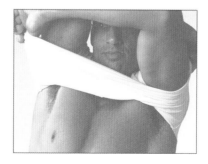

n'est certainement pas un problème pour entamer une relation. Certaines femmes adorent les hommes gros et beaucoup les épousent. Le seul problème se trouve dans votre tête.

J'approche de mes 30 ans et mon front se dégarnit de plus en plus. Aucune femme ne voudra plus de moi. Puis-je faire quelque chose ?

Les femmes ne tombent pas amoureuses d'une chevelure, mais d'un être humain. Aucune étude n'a prouvé qu'une femme refuse de sortir avec un chauve. La perte de vos cheveux prouve que vous êtes un mâle normal, dont le taux d'hormones sexuelles est parfait (la testostérone entraîne la chute des cheveux selon l'empreinte génétique). Avez-vous d'autres raisons de manquer d'assurance ? Dépendiez-vous de votre physique autrefois ? Est-ce pour cela que vous ne vous donniez pas la peine de parler avec les femmes ? Essayez de communiquer au lieu d'être obsédé par vos cheveux.

le pénis et le prépuce

La taille de mon pénis m'inquiète, je le trouve trop petit. Quelle est la longueur moyenne d'un pénis en érection ?

D'après une étude menée par le sexologue Kenneth S. Green sur des hommes de 16 à 77 ans, concernant 1 200 pénis, la longueur moyenne est de 15,6 cm. Le plus court, celui d'un Amérindien de 27 ans, faisait 5 cm en érection mais 7,6 cm de diamètre. Alfred Kinsey donne 16 cm comme longueur moyenne chez un échantillon de 4 000 hommes. Beaucoup d'hommes sont obsédés par la longueur de leur pénis et croient que plus il est grand, mieux cela vaut. N'oubliez pas que la partie la plus sensible du vagin de la femme est le tiers inférieur, que même le plus petit pénis peut pénétrer.

Quelle taille peut avoir une érection ?

Diverses études ont démontré que la plus grande érection pouvait atteindre 26 à 35 cm de long. On trouve aussi des affiches d'hommes dont le pénis est si long qu'on pourrait en faire des nœuds ! La nationalité influence la taille du pénis. Les Américains, par exemple, ont un pénis plus gros que celui des Thaïlandais. Faites attention à ne pas devenir trop phallocrate cependant, rappelez-vous que vos mains, votre bouche et tout votre corps comptent beaucoup plus que la longueur de votre pénis.

Qu'est que la femme pense réellement du pénis et de sa taille ?

Dans les années 1975, des enquêtes ont révélé que les hommes pensaient que les femmes considéraient leur pénis comme la partie la plus érotique de leur corps. En fait, les femmes préfèrent les fesses, le pénis étant au bas de la liste. Bien que les hommes aient tendance à associer la taille du pénis aux prouesses sexuelles, l'attitude des femmes est beaucoup plus nuancée. Certaines femmes préfèrent les grands pénis, d'autres s'inquiètent de la disproportion du pénis par rapport à leur vagin, d'autres sont indifférentes à la taille du pénis et recherchent surtout l'attirance affective.

Lorsqu'il est en érection, mon pénis est légèrement courbé. Est-ce normal ou dois-je consulter un médecin ?

Si la courbe est légère et constante, tout est parfaitement normal. Les érections sont souvent infléchies à droite ou à gauche. Cependant, si la courbe devient peu à peu plus marquée, vous souffrez peut-être de la maladie de La Peyronie (induration des corps caverneux) et vous devriez consulter un médecin. Cette maladie se manifeste par du tissu cicatriciel venant remplacer les tissus caverneux normaux du pénis d'un côté, en donnant à l'érection la forme d'une banane. Lorsque la maladie s'aggrave, l'érection devient très douloureuse.

Il est recommandé de masser la peau avec de la crème à la vitamine E pour lui conserver son élasticité, mais si la maladie de La Peyronie ne disparaît pas d'elle-même, un traitement médical ou chirurgical peut être nécessaire.

Mon pénis est-il moins sensible du fait que je suis circoncis ?

Objectivement, le tissu cicatriciel laissé par la circoncision peut, en théorie, rendre la peau moins sensible, bien qu'il soit en fait impossible de connaître la vérité. Certains hommes, circoncis quand ils étaient bébés, peuvent avoir l'impression d'avoir perdu ce qu'ils considèrent comme partie intégrante de leur anatomie génitale. Mais cela arrive rarement, la plupart affirmant qu'ils ont une vie sexuelle heureuse et gratifiante, nullement altérée par la circoncision.

Décalotter me fait mal pendant l'érection. Devrais-je me faire circoncire avant de perdre ma virginité ?

Massez régulièrement votre pénis avec de la crème à la vitamine E pour essayer de le dégager naturellement. Le nom médical de cette étroitesse du prépuce est phimosis, et bien qu'elle n'offre aucun signe de gravité, elle peut causer une inflammation du gland et, à long terme, faire une cicatrice. Si la crème à la vitamine E est inopérante, votre médecin pourra effectuer une petite intervention qui vous permettra de dégager votre gland. Dans le cas contraire, la circoncision sera à envisager.

Est-il plus hygiénique d'être circoncis ?

Non, à condition que les non-circoncis suivent des règles de propreté strictes. Les glandes contenues sur la peau intérieure du prépuce sécrètent une substance huileuse qui, mélangée avec les cellules mortes de la peau, forme une sorte de matière blanchâtre appelée smegma, qui devient très vite malodorante si une toilette soigneuse ne la fait disparaître. Une hygiène défectueuse chez des non-circoncis peut mener à une infection du gland appelée balanite. Bien qu'elle soit relativement facile à traiter, elle peut causer irritations, démangeaisons et inflammation.

masturbation

Comment les hommes se masturbent-ils ?

Il existe tant de façons de se masturber qu'il est impossible d'en dresser la liste. Chaque homme établit son propre schéma qu'il conserve pendant des années. Beaucoup se contentent d'entourer leur pénis de leur main fermée et de frotter de haut en bas jusqu'à ce qu'ils éjaculent. D'autres se frottent contre un objet ou une surface agréable, serviette, oreiller ou matelas. Certains préfèrent les aides sexuelles qu'ils pénètrent. Les hommes peuvent se masturber sous la douche, sur un lit, debout, à genoux ou assis. Ils prolongent la séance ou ils l'abrègent. Ils lubrifient le pénis avec de la salive, du gel lubrifiant, ou se masturbent « à sec ». Certains hommes « brutalisent » leurs parties génitales, d'autres les caressent.

Qu'est-ce que cela signifie si...

je fantasme sur un ex-amant lorsque je me masturbe ?

Le meilleur de la masturbation est de vous rendre libre de fantasmer sur tout ce que vous souhaitez. Cela n'a pas à être quelque chose que vous souhaitez voir arriver en réalité. En fait, fantasmer sur quelque chose de tabou, d'illicite ou d'interdit peut renforcer l'excitation de la masturbation. Fantasmer sur d'anciens partenaires est très courant et ne constitue pas une traîtrise à l'encontre de votre amant actuel (si vous en avez un). Cela ne signifie pas que vous rêvez d'une rencontre avec celui d'autrefois. Les femmes autant que les hommes fantasment sur d'anciennes rencontres. Et la diversité des fantasmes masturbatoires est sans limite.

Est-il possible de trop se masturber ? Cela m'arrive au moins une fois par jour.

Beaucoup d'hommes se masturbent tous les jours. La fréquence de la masturbation dépend d'une large gamme de facteurs, dont font partie l'âge, la libido, le style de vie et même l'humeur journalière. Les jeunes gens peuvent se masturber plusieurs fois par jour, mais un homme d'âge mûr se masturbera une fois par semaine ou moins. Tout dépend de l'individu. Malheureusement, il est encore courant d'avoir honte de se masturber trop souvent. Rassurez-vous, car le seul type de masturbation anormale est la masturbation compulsive qui devient votre seule occupation ou presque. Dans ce cas, vous devez consulter un médecin. Tant que la masturbation n'interfère pas avec votre vie quotidienne, vous n'avez aucune raison de vous inquiéter.

Pourquoi est-ce que je me sens coupable quand je me masturbe ?

La masturbation était autrefois considérée comme un péché et elle était interdite aux jeunes garçons, qui risquaient de sévères punitions s'ils touchaient leurs parties génitales par plaisir. On disait même qu'elle rendait aveugle. Malheureusement, ces messages négatifs hantent toujours notre société moderne. Peut-être avez-vous été élevé dans une famille où il était interdit de parler de sexualité. Ou vous a-t-on puni pour avoir touché vos parties intimes quand vous étiez enfant ? Quelle que soit l'origine de votre sentiment de culpabilité, vous devez savoir qu'aujourd'hui la masturbation est considérée comme faisant partie d'une sexualité normale.

J'aime me masturber à l'aide d'accessoires sexuels. Mon problème est que la masturbation est maintenant plus excitante que l'acte sexuel avec ma partenaire. Que puis-je faire ?

Pourquoi ne pas utiliser certains de vos accessoires favoris dans une relation mutuelle ? Votre partenaire les appréciera peut-être autant que vous. Il est possible que vous puissiez prolonger votre relation sexuelle en demandant à votre partenaire de faire tout ce que vous avez fait tout seul jusqu'à mainte-

nant. Si vous voulez que votre relation se développe, vous devez la pimenter et lui apporter une certaine variété.

Mon amie dit que je ne devrais pas avoir besoin de me masturber maintenant que nous vivons ensemble, mais cela ne change rien au fait que j'y prends toujours du plaisir. Où est le mal ?

Il n'y a aucun mal à vous masturber et de nombreux couples le font, chacun de son côté, en dehors de l'acte sexuel lui-même. La masturbation est une forme naturelle de la sexualité qui doit rehausser votre relation avec votre amie et non l'altérer. Malheureusement, votre amie a l'impression d'être rejetée. Vous devez la rassurer en lui disant que la masturbation ne remplace pas les rapports sexuels et que vous aimez toujours faire l'amour avec elle.

Comment puis-je apprendre à mon amie à me masturber ?

Vous pouvez jouer au jeu de la carte du corps (voir page 16) en insistant sur les parties génitales, ou vous pouvez essayer la technique suivante. Demandez à votre amie de s'appuyer sur une pile d'oreillers ou de coussins à la tête du lit. Asseyez-vous entre ses jambes et appuyez-vous sur elle. Si elle est trop petite pour vous soutenir, couchez-vous sur le dos et dites-lui de s'asseoir à côté de vous. Demandez-lui de mettre sa main autour de votre pénis, placez votre main sur la sienne et guidez-la selon vos désirs. Elle apprendra ainsi la vitesse et la pression qu'elle doit appliquer pour vous exciter.

Je me masturbe en privé pour atteindre l'orgasme avant de faire l'amour avec mon amie. Cela m'aide à tenir plus longtemps. Cette pratique est-elle déconseillée ?

Non, en théorie. Mais, en pratique, vous risquez de prendre une habitude qu'il vous sera très difficile d'abandonner plus tard. Comment ferez-vous si vous vous trouvez dans une situation où il vous est impossible de vous masturber avant l'amour ? Auriez-vous peur de ne plus avoir d'érections ? N'oubliez pas que les meilleurs échanges sexuels sont souvent les plus spontanés. Pensez aussi à la réaction de votre amie si elle s'en aperçoit et à votre propre réaction alors. Se masturber à l'occasion pour vous aider à tenir plus longtemps est acceptable, mais si cela devient une habitude, envisagez d'autres techniques pour vous empêcher d'éjaculer trop vite. Essayez par exemple la technique de la compression (voir page 44), ou le programme de la page 40. Et, si possible, demandez à votre amie de vous encourager.

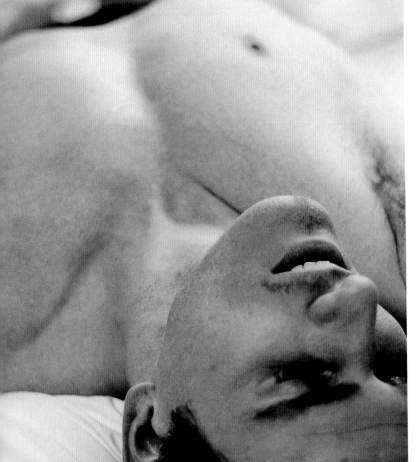

Les faits

Les sexologues conseillent des exercices de masturbation spécifiques, permettant de mieux contrôler le moment de l'éjaculation. Vous trouverez page 40 un programme pour retarder l'éjaculation.

érections et orgasmes

Combien de temps devrais-je être capable de maintenir une érection ?

Le temps qu'il faut pour satisfaire votre partenaire, pourrait-on dire. Il est vrai qu'il n'est pas indispensable d'avoir une érection pour cela, puisque vous pouvez provoquer l'orgasme de votre partenaire manuellement ou avec la bouche (ce qu'elle préférera peut-être). Si vous adorez prendre votre temps, il n'est pas réellement nécessaire de conserver continuellement votre érection et vous pouvez lui permettre de diminuer et disparaître avant de finalement éjaculer. Par exemple, si vous cessez le corps à corps pour vous concentrer sur l'excitation buccale de votre partenaire, vous

perdrez probablement votre érection jusqu'à ce que la phase finale vous la redonne. Si vous avez peur d'éjaculer trop vite, essayez la technique de la compression (page 44) ou suivez les conseils pour durer plus longtemps (encadré ci-dessous). Et rappelez-vous qu'il n'est pas toujours conseillé de retenir une éjaculation trop longtemps, sous peine de perdre vos sensations, les parties génitales étant alors en quelque sorte anesthésiées.

Comment puis-je prolonger mon érection quand nous faisons l'amour ?

Vous pourriez essayer le programme créé spécialement pour les hommes qui

veulent durer plus longtemps au lit (voir encadré ci-dessous). Mais au cas où vous seriez l'un de ces êtres exceptionnels que la simple vue d'une jolie fille suffit à mettre en érection, il vous sera utile de savoir que certains médicaments permettent aujourd'hui de ralentir l'éjaculation. Consultez votre médecin ou prenez rendez-vous à la clinique spécialisée la plus proche.

J'ai 17 ans et je suis extrêmement embarrassé quand j'ai une érection en public. Comment puis-je les faire cesser ?

Les érections spontanées sont très communes à l'adolescence et deviennent moins fréquentes en vieillissant. Vous ne pouvez pas faire grand-chose, sinon porter de vêtements flottants et faire de votre mieux pour rester impassible. Cette sorte d'érection ne dure pas longtemps, généralement parce que vous êtes plus embarrassé qu'excité.

précisions

Comment durer plus longtemps au lit

Voici des techniques éprouvées pour mieux contrôler l'éjaculation et accroître les performances sexuelles. Commencez lentement et vous constaterez des résultats en quelques semaines. Si vous avez besoin d'aide supplémentaire pour retarder l'éjaculation pendant les exercices, essayez la technique de la compression (page 44).

1. Masturbez-vous avec la main sèche jusqu'à ce que vous duriez 15 minutes avant d'éjaculer.

2. Masturbez-vous avec la main lubrifiée jusqu'à ce que vous duriez 15 minutes avant d'éjaculer. Ces deux étapes vous permettront déjà de garder plus longtemps votre érection pendant l'acte sexuel. Vous pouvez faire les exercices suivants avec votre partenaire.

3. Laissez votre partenaire vous masturber avec la main sèche jusqu'à ce que vous duriez 15 minutes avant d'éjaculer.

4. Laissez votre partenaire vous masturber avec la main lubrifiée jusqu'à

ce que vous duriez 15 minutes avant d'éjaculer.

5. Couchez-vous sur le dos, votre partenaire sur vous et votre pénis dans son vagin. Faites le minimum de mouvements. Continuez jusqu'à ce que vous duriez 15 minutes avant d'éjaculer.

6. Répétez l'étape 5, votre partenaire s'activant doucement. Vous devez durer 15 minutes.

7. Répétez l'étape 5 tout en vous activant doucement. Vous devez arriver à durer 15 minutes.

8. Répétez l'étape 5, vous et votre partenaire s'activant librement. Vous devez durer 15 minutes.

J'ai des érections, mais je pense que mon pénis ne se dresse pas comme il le devrait. L'angle par rapport à mon corps ne fait pas plus de 90°. Dois-je m'inquiéter ?

Si votre pénis durcit, il est très improbable que vous ayez un problème (s'il ne durcit pas, consultez un médecin). L'angle formé par le corps et le pénis varie selon les hommes et dépend aussi de la taille du pénis et de l'âge. Plus l'homme est âgé, plus l'angle d'érection diminue (le pénis peut durcir, mais continue à pointer vers le bas). Plus le pénis est long et lourd, plus il est difficile pour les muscles génitaux de le maintenir en position dressée.

Je suis en bonne santé et je joue souvent au football. Pourtant je n'arrive pas toujours à avoir une érection. Est-ce parce que je bois trop ? Je ne bois pourtant pas plus que mes coéquipiers.

Lesquels boivent probablement trop également ! Chaque individu a ses propres limites. Certains sont ivres après un seul verre et d'autres ne bronchent pas après six. Les effets de l'alcool sur le désir et les performances sexuels sont complexes. Les premiers verres peuvent vous rendre très gai et lever vos inhibitions et à ce stade vous êtes encore capable de faire l'amour ; quelques verres de plus, et l'histoire est différente. De fortes doses d'alcool ont un effet sédatif et ralentissent pensée, mémoire, élocution et mouvements. Vous pouvez changer radicalement d'humeur, pleurnicher ou être violent. Il vous sera difficile d'avoir ou de maintenir une érection, ou vous pouvez simplement être incapable de coordonner vos mouvements. L'imprégnation alcoolique peut à long terme réduire taux de testostérone et fonction sexuelle. L'impuissance est un symptôme courant de l'abus d'alcool et il est probable que vos problèmes viennent de vos rapports avec l'alcool. Diminuez votre consommation et voyez si votre vie sexuelle s'améliore.

Pourquoi ne puis-je pas garder une érection pendant l'amour ?

Perdre une érection est toujours angoissant, surtout si cela est fréquent. Si vous souffrez de problèmes d'érections persistants, consultez votre médecin. Si les jeunes gens perdent souvent leur érection pour des raisons psychologiques, les hommes mûrs souffrent plutôt de problèmes physiques. Les causes les plus courantes :

• Vous êtes très nerveux ou très anxieux à propos de vos performances.
• Vous êtes stressé ou déprimé.
• Vous avez perdu votre érection en d'autres occasions et cela vous rend nerveux.
• Vous n'êtes pas assez excité sexuellement.
• Vous avez un problème physique, diabète ou maladie cardio-vasculaire.
• Vous prenez des médicaments qui ont un effet secondaire sur vos érections.
• Vous souffrez des effets de l'abus d'alcool.
• Votre taux de testostérone (hormone mâle) est trop bas.

Je perds toujours mon érection quand je mets un préservatif avant le rapport sexuel. Que puis-je faire ?

Essayez de mettre un préservatif quand vous êtes seul. Si vous ne perdez pas votre érection, c'est que vous souffrez d'un manque d'assurance quant à vos performances. Le meilleur moyen de surmonter ce handicap est d'arrêter de vous obnubiler sur votre préservatif et d'en faire un jeu mutuel. Et n'ayez pas peur de perdre votre érection (il est normal de la voir disparaître et revenir pendant l'amour), vous la retrouverez plus tard. Une solution est de demander à votre partenaire de vous mettre le préservatif quand vous êtes couché sur le dos, vous serez encore plus excité quand elle touchera votre pénis. Elle peut enfiler le préservatif pendant qu'elle vous masturbe ou, si elle est très adroite, elle peut même le glisser sur le gland pendant une excitation buccale. L'essentiel est de rendre l'expérience érotique. Si votre pénis perd sa rigidité quand le préservatif est enfilé, maintenez la base de la capote en place avec une main et masturbez-vous avec l'autre pour retrouver votre érection.

Combien d'orgasmes est-il possible d'éprouver à la suite ?

La plupart des jeunes gens éprouvent entre un et trois orgasmes dans l'heure environ, de même que certains hommes plus âgés. Cependant, avec l'âge, la période réfractaire (temps écoulé entre l'éjaculation et la possibilité d'avoir une autre érection) s'allonge peu à peu. En compensation, les hommes mûrs sont moins sujets à l'éjaculation précoce et restent en érection plus longtemps, en donnant et en obtenant un plus grand plaisir sexuel pour un seul rapport.

Comment puis-je ressentir des orgasmes plus intenses ? Ma vie sexuelle avec mon amie ne me satisfait pas, mais je ne veux pas coucher avec d'autres femmes.

Peut-être n'êtes-vous pas assez stimulé physiquement et mentalement avant l'orgasme. En allongeant les préliminaires et en passant de longs moments à exciter mutuellement chaque centimètre de vos corps respectifs, vous ferez l'amour de façon beaucoup plus satisfaisante. Les sexologues Masters et Johnson ont démontré que plus vous passez de temps à éveiller le désir, plus l'expérience sera intense. Voulez-vous que votre amie vous stimule différemment ou essaye des positions nouvelles ? Si vous désirez une excitation buccale, par exemple, offrez-lui d'abord la pareille, puis suggérez qu'elle fasse de même (c'est le principe du « donner pour obtenir »). Mais ne vous contentez pas des seuls aspects physiques de l'amour. L'érotisme le plus torride comprend un échange mental entre les amants. Parlez-lui et incitez-la à vous répondre.

J'ai entendu dire que certains hommes peuvent avoir des orgasmes multiples. Tout ce que je peux affirmer, c'est que cela ne m'est jamais arrivé. Est-il possible d'apprendre ce genre de choses ?

Bien que les sexologues américains William Hartman et Marilyn Fithian assurent qu'il est possible de s'entraîner à éprouver un orgasme multiple, peu d'hommes en fait réussissent cette performance. En apprenant à arrêter l'éjaculation, on pourrait, paraît-il, ressentir un certain nombre de sensations orgasmiques à la suite (celles-ci peuvent être des pics d'excitation sexuelle plutôt que de vrais orgasmes,

mais qui s'en plaindra). Pour cela, votre pénis et le tour de vos testicules doivent être solidement musclés. Vous devez vous entraîner à fléchir les muscles péniens et contracter et relâcher les testicules (si les testicules sont douloureux, arrêtez et recommencez le jour suivant). Quand vous pensez avoir acquis un bon contrôle musculaire, essayez de contracter vigoureusement vos muscles péniens quand vous ressentez le besoin d'éjaculer pendant le rapport sexuel ou la masturbation. (Une autre façon de bloquer l'éjaculation est de tirer les testicules vers le bas par l'arrière.) Avec un peu de chance, vous pourrez expérimenter des sensations orgasmiques sans éjaculer, puis vous serez capable d'atteindre des hauteurs insoupçonnées.

Est-ce mal si je fais semblant d'éprouver un orgasme à l'occasion ? Il m'arrive de m'épuiser à atteindre l'orgasme quand nous faisons l'amour.

Bien sûr, vous pouvez faire semblant de ressentir un orgasme si vous le voulez, mais cela ne résoudra pas le problème sous-jacent de votre difficulté à jouir. Essayez de réfléchir aux causes qui ont conduit à cet état de choses. Faites-vous l'amour quand vous n'en avez pas réellement envie ? Votre désir est-il alors suffisamment éveillé ? Votre relation avec votre partenaire est-elle tourmentée ? Votre difficulté d'atteindre l'orgasme pourrait-elle être un moyen de vous en éloigner ? Peut-être vaut-il mieux ne pas faire l'amour quand vous êtes trop fatigué ou préoccupé. D'un autre côté, si vous sentez que le problème se trouve au cœur même de votre relation, vous devez en parler avec votre partenaire et, sans doute, chercher de l'aide par une thérapie, selon que vous êtes anxieux ou déprimé.

précisions

La voie de l'orgasme

L'excitation sexuelle de l'homme peut commencer avec des pensées érotiques, un fantasme ou la vue et le contact du corps de sa partenaire. Parfois, il peut se sentir excité sans raison particulière. Le cerveau envoie un message au pénis par les nerfs, pour lui indiquer qu'il doit se mettre en érection. Le réseau complexe de vaisseaux qui parcourt les tissus péniens se remplit de sang et le pénis devient long et dur. Les testicules remontent vers le corps et la paroi du scrotum épaissit et se resserre. Si votre pénis est stimulé à ce stade, vous vous sentirez de plus en plus excité. Le bout du pénis prend une teinte sombre et quelques gouttes de liquide apparaissent. La pression sanguine, le rythme cardiaque et la température de la peau augmentent ; les pupilles se dilatent et les bouts des seins peuvent se dresser. Tous les muscles se tendent.

Quand vous approchez de l'orgasme, votre respiration s'accélère et votre peau peut rougir. Les hommes perçoivent généralement l'imminence de l'orgasme parce qu'ils savent reconnaître le point de non-retour, la sensation que l'éjaculation est inévitable. Le sperme est aspiré à travers l'urètre par une série de courtes contractions musculaires. Le tout est accompagné par un sentiment d'intense jouissance sexuelle. Après l'orgasme, le pénis perd sa rigidité et le corps retrouve son état normal en 10 minutes environ. Pendant un certain temps après l'éjaculation, l'érection est impossible. Chez les jeunes gens, il ne s'agit que de quelques minutes.

J'ai essayé de nombreuses fois d'atteindre un orgasme simultané avec mon amie, mais c'est impossible ; elle dit que cela n'a pas d'importance mais j'aimerais quand même réussir. Des conseils ?

Elle a raison, l'orgasme simultané n'a pas d'importance. C'est un mythe des années 40 et 50, où l'on considérait l'orgasme simultané comme la seule « vraie » façon de jouir. Nous savons aujourd'hui que la plupart des gens ressentent des orgasmes plus intenses quand ces derniers sont indépendants, puisqu'ils n'ont pas à s'épuiser à rechercher la synchronisation avec leur partenaire et peuvent se concentrer sur leur propre orgasme sans être dérangé. Si vous voulez quand même essayer, l'orgasme simultané dépend de la capacité de l'un ou l'autre à retenir son propre orgasme. Revenez à la stimulation clitoridienne quand votre amie est tout près de l'orgasme, utilisez la technique de la compression ou tirez vos testicules vers le bas. Essayez si cela vous amuse, mais n'en faites pas un drame si vous n'y arrivez pas.

J'éjacule si vite qu'il m'est impossible d'avoir un rapport sexuel. La technique de la compression ne sert à rien et la simple idée de faire l'amour suffit pour que j'éjacule. Y a-t-il une solution à ce problème ?

Vous faites partie de cette infime minorité d'hommes dont les réponses sexuelles se font au quart de tour. Éjaculer avant même d'avoir pénétré votre partenaire peut être extrêmement frustrant pour tous les deux. Le mieux est de demander à votre médecin un traitement médicamenteux. Des inhibiteurs comme les alpha-bloquants sont parfois utilisés mais le médicament le plus courant est un antidépresseur. L'effet du médicament cesse si vous arrêtez de le prendre.

C'est la première fois que j'ai une relation amoureuse et je n'arrive pas à éjaculer quand nous faisons l'amour. Cela peut durer des heures, mais je ne fais qu'épuiser mon amie. Je n'ai aucun problème à éjaculer

quand je me masturbe. Quel est le problème ?

Ou votre pénis n'est pas assez excité pendant le rapport sexuel, ou, ce qui est plus probable, vous souffrez d'inhibitions qui vous empêchent de vous laisser aller. C'est votre première expérience amoureuse et vos réticences peuvent être causées par la nervosité ou un manque de confiance en votre habileté sexuelle. Dites-vous que ces problèmes sont très courants pour une première expérience. Passez plus de temps à parler dans l'intimité avec votre amie et apprenez à lui faire confiance. Si possible, essayez de vous masturber mutuellement pour qu'elle comprenne ce qui vous excite. Puis essayez un mélange de masturbation et de pénétration. Plus vous serez ouvert avec votre amie, plus vous aurez l'impression d'être accepté et plus vous éjaculerez facilement. Si vous avez encore besoin d'aide, prenez un peu d'alcool avant de faire l'amour, ce qui pourrait lever vos inhibitions. Mais ne buvez pas trop, car vos espoirs seraient alors déçus.

conseils

La technique de la compression

L'éjaculation précoce est un problème commun chez les hommes, mais il existe plusieurs manières efficaces d'y remédier. La technique de la compression est l'une des plus simples. Tenez le bout du pénis (juste en dessous du gland) entre le pouce et les doigts. Comprimez-le fermement quand vous sentez que l'éjaculation est proche. Ne vous inquiétez pas si votre pénis perd légèrement son érection, celle-ci va revenir. Vous pouvez aussi comprimer la base du pénis, ce qui est conseillé si vous ne voulez pas vous retirer de votre partenaire. Une autre façon de combattre l'éjaculation précoce est le programme de la page 40. Si aucune de ces techniques n'est efficace, consultez un médecin ou un sexologue.

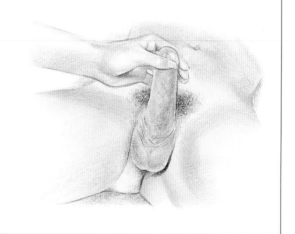

pulsions sexuelles

À quel âge les pulsions sexuelles de l'homme sont-elles les plus intenses ?

Les pulsions sexuelles peuvent subir des hauts et des bas tout au long de la vie, selon la nature de la relation en cours et votre état d'esprit. Elles sont géné-ralement plus intenses vers la fin de l'adolescence et entre 20 et 30 ans. Les différences sont cependant impor-tantes d'un individu à l'autre.

Il m'arrive de ne pas avoir envie de faire l'amour, mais je me force pour faire plaisir à ma partenaire. Quant à mes copains, c'est tout le temps. Qu'est-ce qui ne va pas ?

Un mythe bien ancré et totalement faux prétend que les hommes ne pensent qu'au sexe. Ils ne sont pas des machines automatiques qui marchent à n'importe quel moment. Le désir sexuel est très personnel et ce qui convient à l'un ne

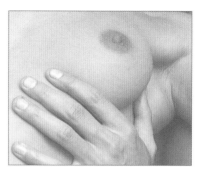

convient pas à l'autre. Il est normal qu'il vous arrive de ne pas avoir envie de faire l'amour. Ne vous inquiétez pas de ce que disent vos copains, ils exagèrent proba-blement leurs prouesses sexuelles. Il est remarquable que vous aimiez assez votre amie pour faire l'amour malgré votre manque de désir. Et ne soyez pas si dur avec vous-même.

J'ai 22 ans et n'ai que peu de désir sexuel. Je n'ai ressenti le besoin d'avoir une petite amie

que récemment et je n'ai pour ainsi dire jamais d'érections spontanées. Je veux pourtant fonder une famille. Que puis-je faire ?

Il semble que vous faites partie de ces hommes dont la libido est très faible. Les chercheurs ont découvert que la plupart des hommes comme vous présentent un faible taux de testostérone et qu'un traitement hormonal peut transformer complètement leur libido. Les hommes qui n'ont jamais eu d'érection avant l'âge de 20 ans peuvent, sous traitement, avoir des relations sexuelles heureuses et réussies. Demandez à votre médecin de vous indiquer un endocrinologue.

Le stress peut-il affecter mon désir sexuel ?

Oui. Le stress peut vous épuiser à tel point que vous ne faites que survivre jour après jour. Le sexe est souvent l'une des premières activités à disparaître sous

Qu'est-ce que cela signifie si...

un homme recherche constamment le sexe ?

Les hommes à la libido surdéveloppée appartiennent à l'une de ces catégories :
• Nouvelle relation brûlante, le désir sexuel étant encore très puissant.
• Atmosphère ou environnement particulièrement érotique.
• État d'anxiété, l'anxiété pouvant augmenter la libido.
• Influence des hormones.
• Pression de stéréotypes culturels, pour paraître une « bête de sexe ».
• Frustration, car il ne sait pas trouver la relation qui lui convient.
• Le sexe lui donne l'impression d'être attirant, désirable ou aimé.

Conseils

Vaincre le stress

Votre vie sexuelle peut être un baromètre précis de votre niveau de stress. Si vous reléguez le sexe en accordant la priorité à votre travail, il est temps de déterminer quels sont les situations et les gens qui vous mettent sous pression. Vous pourrez alors planifier différemment votre vie.
• Fixez-vous des objectifs réalistes, n'essayez pas d'en faire trop.
• Si le souci de remplir votre portefeuille est une cause de stress, changez votre style de vie de façon à dépenser moins. N'ayez pas peur de rétrograder.
• Travaillez à votre rythme et résistez à la tentation d'accélérer.
• N'acceptez pas de travail supplémentaire.
• Les situations stressantes sont des drogues. Forcez-vous à prendre des vacances d'au moins une semaine et n'emportez ni ordinateur, ni portable.
• Attendez-vous à faire des erreurs, c'est normal.
• Gardez du temps pour faire l'amour. Le sexe peut être un excellent moyen de se relaxer et de souffler un peu et de vous rappeler vos priorités.

l'effet du stress. Bien qu'un peu de stress puisse être bon pour vous en provoquant des poussées d'adrénaline et en vous donnant la « pêche », trop de stress brûle la testostérone et étouffe vos pulsions sexuelles. Les gens stressés ont aussi tendance à trop fumer et à trop boire, ce qui, à long terme, peut causer des problèmes sexuels.

Le sexe ne m'intéresse pas pour le moment. Mon médecin m'a dit que je souffrais de dépression. Les deux choses sont-elles liées ?
Presque certainement. L'un des symptômes de la dépression est le manque d'intérêt pour les activités habituelles, le sexe étant un exemple classique. Dès que votre dépression sera soignée, vous constaterez le retour de votre libido.

J'ai toujours eu une libido très développée et j'ai besoin de plusieurs partenaires pour satisfaire mes pulsions. Ma petite amie étant toujours disposée à faire l'amour, elle ne comprend pas que j'ai besoin d'autres partenaires. Et en fait, moi non plus. Que se passe-t-il ?
Beaucoup d'hommes éprouvent une curiosité naturelle et irrésistible pour le sexe, et un désir puissant d'explorer cette curiosité. D'autre part, le sexe avec des partenaires multiples peut être un moyen d'affirmer votre virilité, en vous « prouvant » que vous êtes désirable, ou de soulager des complexes sexuels sous-jacents. Quelle que soit la raison, vous aurez obligatoirement à subir des conséquences affectives si vous faites l'amour avec d'autres personnes sans l'accord de votre petite amie. Voulez-vous continuer votre relation actuelle et conserver votre petite amie ? La réponse dictera votre conduite future.

stimulation de la femme

Comment puis-je être sûr que ma partenaire est réellement excitée avant de faire l'amour ?

Vous devez commencer par la toucher longtemps. Passez au moins 15 minutes à vous caresser, à vous toucher, à vous « tapoter » mutuellement sur tout le corps. Explorer l'art du baiser. Roulez-vous sur le lit juste pour vous amuser. Riez, prenez des fous rires, parlez, racontez des histoires érotiques, dites-lui qu'elle est merveilleuse, désirable, belle et sexy. Ensuite, touchez le tour de son clitoris. La plupart des femmes ressentent plus de sensations par le clitoris que par le reste du corps, y compris les seins. Tout ce processus doit se dérouler avant le rapport sexuel. Après la stimulation du clitoris et le rapport sexuel, vous devez continuer à être présent, une approche amoureuse puis un arrêt brutal pouvant être très frustrant. Par-dessus tout, éveillez chaque centimètre de sa peau, pour que les sensations génitales ne soient qu'une partie d'un érotisme général de tout son corps.

Je n'ai pas beaucoup d'expérience sexuelle. Quelle est la meilleure façon de toucher le clitoris ?

La plupart des femmes préfèrent être stimulées sur la région autour du clitoris, plutôt que sur le clitoris même, qui est un organe particulièrement sensible et très innervé. Essayez de masser le tour du clitoris avec un léger mouvement circulaire ou d'avant en arrière. Si votre amie est très sensible, essayez de la caresser à travers un tissu fin. Mais si elle a besoin d'être très stimulée, il vaut mieux caresser directement le clitoris même. Si vous n'êtes pas sûr de vous, demandez à votre partenaire de guider votre main ou, mieux, dites-lui de vous montrer comment elle se masturbe.

J'aimerais devenir un expert pour stimuler les parties génitales de mon amie. Pouvez-vous me conseiller ?

Il existe des techniques spéciales de massage génital qui sont sublimes. Pour un résultat parfait, vous devriez d'abord masser tout le corps de votre partenaire.

• La première technique s'appelle le bec de canard : placez votre pouce et vos doigts en forme de bec et tenez votre main au-dessus de son clitoris. Laissez goutter lentement de l'huile de massage de vos doigts sur son clitoris et dans ses parties intimes.

• La deuxième technique est de tirer les poils (doucement) : avec les deux mains, tirez doucement de petites touffes de poils pubiens, du haut du triangle pubien jusqu'à la vulve, de chaque côté.

• La troisième technique est de tirer doucement et relâcher les lèvres génitales avec un mouvement rythmé (comme vous le faites avec votre lèvre inférieure !) Essayez sur les grandes lèvres puis sur les petites.

• La dernière technique s'exerce sur le clitoris. Avec le doigt bien lubrifié, commencez par encercler le haut du clitoris en tournant d'un mouvement régulier, puis arrêtez et reprenez en sens opposé. Après 20 cercles environ dans chaque sens, frottez légèrement chaque côté du clitoris de haut en bas avec le

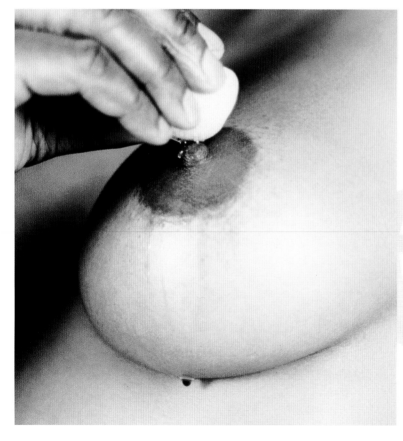

conseils

Caresses buccales

La plupart des femmes adorent les caresses buccales et affirment atteindre ainsi rapidement l'orgasme.

Voici quatre manières d'utiliser votre langue pour le plus grand plaisir de votre partenaire.

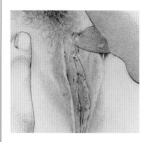

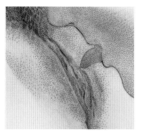

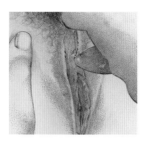

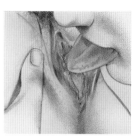

La spirale : passez la langue sur le haut du clitoris, par des petits mouvements en spirale.

Cercles appuyés : faites tourner la langue avec un mouvement ferme autour du haut du clitoris.

Aile de papillon : passez légèrement la langue d'un côté à l'autre juste en dessous du clitoris.

Laper : passez le côté de la langue en un mouvement tournant, entre le clitoris et le vagin.

bout de votre doigt, 20 fois. Terminez par 20 caresses légères de haut en bas du clitoris jusqu'à l'ouverture du vagin.

Comment pratiquer le sexe oral ?

L'excitation buccale, par l'homme, des parties génitales de la femme s'appelle cunnilingus. Elle consiste à caresser le clitoris et la vulve avec la langue. Pour que le cunnilingus soit réussi, votre tête doit se trouver entre les cuisses de votre partenaire et de préférence légèrement en dessous pour que vous puissiez passer votre langue sur la longueur de son clitoris. Votre partenaire peut être couchée sur le bord du lit pendant que vous êtes agenouillé entre ses jambes ou elle peut se mettre à quatre pattes et vous en dessous. Vous pouvez alors essayer diverses caresses, avec le bout de la langue puis le côté et enfoncer à l'occasion votre langue dans son vagin. Stimulez un côté du clitoris puis l'autre, toujours par-dessous. Utilisez vos doigts pour une stimulation supplémentaire du clitoris ou pour pénétrer son vagin. Demandez-lui ce qu'elle préfère. Certains hommes aiment aspirer le clitoris, mais n'insistez pas trop, vous pourriez l'anesthésier au lieu de l'exciter.

Comment stimuler le point G de ma partenaire ?

Introduisez votre majeur dans son vagin. Le point G se trouve, dit-on, à 5 cm sur la paroi antérieure du vagin. Si vous stimulez cette région, vous pourrez peut-être sentir une sorte de petite élévation. Beaucoup de femmes affirment que le point G doit être stimulé par une pression continue, sans les mouvements de va-et-vient de la masturbation ou de l'acte sexuel. Demandez à votre partenaire de vous renseigner et n'oubliez pas que beaucoup de femmes ne ressentent rien. Et aussi, si vous stimulez le point G pour la première fois, il se peut que votre partenaire éprouve simplement l'envie d'uriner !

Comment puis-je garder ma partenaire au bord de l'orgasme le plus longtemps possible ?

Plus vous arrêtez et recommencez la stimulation clitoridienne, plus vous ferez durer le plaisir. Faites attention cependant, beaucoup de femmes n'aiment pas cette approche « donner/reprendre ». Elles peuvent même abandonner l'espoir d'atteindre l'orgasme et retomber dans une sorte d'abattement sexuel. Il vaut mieux stimuler extrêmement lentement chaque centimètre de son corps, y compris son clitoris, ce qui permettra de faire monter peu à peu la tension sexuelle qui mènera à un orgasme fabuleux. Vous devez savoir également que le sexe peut être parfois formidable quand il est rapide et explosif.

conseils

Dix conseils érotiques

Une façon simple d'améliorer la relation sexuelle est de vous assurer de l'excitation de votre partenaire avant de la pénétrer. De longs préliminaires langoureux et érotiques sont tout indiqués pour cela.

• Caressez-la à travers ses vêtements, puis déshabillez-la lentement.

• Lavez-vous mutuellement dans le bain.

• Embrassez-vous avec passion.

• Dites-lui combien vous êtes excité.

• Occupez-vous de ses seins et ses bouts de seins, caressez la région sur le côté des seins et sous les aisselles.

• Embrassez son cou et ses oreilles et nichez-vous tout contre.

• Embrassez et léchez ses parties génitales.

• Roulez-vous dans le lit pour que chaque partie de votre corps soit en contact sensuel avec le sien.

• Demandez-lui ce qu'elle voudrait que vous lui fassiez.

• Ne pressez pas le jeu, laissez le désir monter entre vous.

Qu'est-ce que cela signifie si...

ma partenaire veut toujours faire l'amour en étant sur moi ?

Il arrive que l'on prenne des habitudes mais comme il s'agit de sexe, il est probable que votre partenaire a une bonne raison de préférer cette position. Ce genre de position donne à la femme une certaine liberté de mouvement et peut l'aider à atteindre l'orgasme.

La préférence de votre partenaire peut être due à l'une des raisons suivantes :

• Elle a du mal à atteindre l'orgasme dans une autre position.

• Elle aime prendre l'initiative.

• Elle a adopté cette position dans une relation passée et n'imagine pas en changer maintenant.

• Elle apprécie les sensations qu'elle ressent dans cette position.

• Elle a peur d'être dominée et c'est pour elle un moyen d'éviter de se trouver dans cette situation.

Mon amie atteint presque l'orgasme mais sans arriver à l'éprouver complètement. Existe-t-il une position qui peut aider la femme à atteindre l'orgasme ?

Oui en effet, en vous pressant contre son pubis après la pénétration dans la position du missionnaire. Au lieu de faire un mouvement de va-et-vient avec votre pénis, frottez-vous contre son clitoris de haut en bas, pour le stimuler constamment. Cette friction régulière peut l'aider à atteindre l'orgasme, surtout si elle en est déjà très proche. Vous pouvez aussi la laisser aller sur vous pendant la pénétration, pour qu'elle puisse bouger de façon à stimuler directement son clitoris. Vous pouvez également essayer de le stimuler pendant la pénétration, la position par-derrière vous permettant de l'atteindre et de le caresser d'une main.

Comment puis-je savoir que ma partenaire a éprouvé un orgasme ? Elle me dit que oui, mais elle ne fait aucun bruit.

Il est parfois difficile de savoir. Certaines femmes n'émettent pratiquement aucun son pendant l'orgasme. Cependant, si vous avez l'habitude de la stimuler manuellement ou de pratiquer l'excitation buccale, vous pourrez voir ou sentir les contractions qui ont lieu pendant l'orgasme. Ceci est particulièrement vrai si vous mettez un ou plusieurs doigts dans son vagin.

Je n'arrive pas à faire jouir mon amie. Suis-je totalement nul en étant incapable d'une chose aussi simple ?

L'amour se fait à deux et vous pouvez déjà rejeter 50 % de l'anxiété qui pèse sur vos épaules. Vous devez ensuite demander à votre amie si elle a déjà eu un orgasme. Dans l'affirmative, comment ? Si elle n'en a jamais éprouvé pendant la pénétration ou la masturbation, son handicap n'a probablement rien à voir avec vos talents et tout à voir avec son passé sexuel, ses expériences, ses attitudes et ses réactions. On pense aujourd'hui que chacun est responsable de son propre orgasme et non de celui des autres. Vous devez donc faire de votre mieux pour aider votre amie à atteindre toute seule l'orgasme, peut-être par la masturbation ou avec un vibromasseur. Lorsqu'elle aura réussi, elle vous apprendra comment la stimuler. N'oubliez pas que la plupart des femmes ne jouissent pas par la pénétration seule, mais ont besoin d'une stimulation du clitoris.

Mon amie – avec qui je n'ai pas encore fait l'amour – me dit qu'elle éprouve de multiples orgasmes, jusqu'à 15 d'un coup. Que se passera-t-il si je ne suis pas à la hauteur ?

Si elle a autant d'orgasmes, vous n'arriverez pas à lui saboter son plaisir, donc relaxez-vous et agissez à votre idée. Contentez-vous d'être vous-même et faites l'amour normalement. Il existe des orgasmes multiples de toutes formes et de toutes intensités. Certaines femmes ressentent de douces vagues de plaisir, d'autres éprouvent des spasmes orgasmiques profonds et rapides, cinq minutes pouvant s'écouler entre chacun d'eux. Avant de faire l'amour, mettez de côté vos idées reçues.

J'aime que ma partenaire pratique sur moi l'excitation buccale et je sais que je devrais lui rendre la pareille, mais la vérité est que j'en déteste l'idée. Pourquoi suis-je si irrationnel ?

Peut-être considérez-vous les parties génitales féminines comme sales ? Peut-être avez-vous horreur des sécrétions naturelles ou associez-vous les parties génitales avec les toilettes ? Chez certains hommes, ce dégoût est presque une phobie. Pour la surmonter, il faut être désensibilisé, ce qui consiste généralement en une approche lente, étape par étape, de l'objet de votre peur. Avec la coopération de votre partenaire, vous pouvez essayer cette approche chez vous. Vous pouvez également consulter un sexologue. Les gens qui souffrent de phobies extrêmes peuvent aussi être aidés par des médicaments. Vous seul pouvez dire si votre dégoût est assez profond pour justifier ces mesures.

le sexe à l'âge mûr

Quelle est la vie sexuelle normale d'un homme de plus de 50 ans ?

La *National Survey of Sexual Attitudes and Lifestyles*, étude menée en 1994, révèle que les hommes de 55 à 59 ans font l'amour environ deux fois par mois (à comparer aux cinq fois par mois des hommes de 25 à 34 ans). Cependant, le désir sexuel est totalement individuel et peut augmenter ou décroître à tout âge, selon la santé physique et affective, le style de vie et la relation que l'on a avec son partenaire.

Les hommes connaissent-ils la ménopause ?

Même si les hommes ne ressentent pas les changements physiques spectaculaires qui affectent les femmes à la ménopause, ils subissent un déclin progressif du taux de l'hormone mâle, la testostérone, fabriquée par les testicules, et, à un moindre degré, par les glandes surrénales (situées juste au-dessus des reins), qui détermine l'énergie, le désir sexuel et surtout la rigidité de l'érection. Elle retentit aussi sur d'autres parties du corps masculin et, étant donné sa complexité, elle est difficile à mesurer. On pense que le déclin de la testostérone a de sérieux effets physiques et psychologiques, en diminuant la résistance des os, par exemple, ce qui favorise l'ostéoporose, en atténuant le désir sexuel et en rendant les hommes plus irritables et d'humeur plus changeante. Ces effets et d'autres encore sont connus sous le nom d'andropause.

Pourquoi les érections deviennent-elles moins fortes avec l'âge ?

En raison du déclin de son taux de testostérone, l'homme de 50 ans doit être plus stimulé que l'homme de 30 ans pour rester en érection et atteindre l'orgasme. Les sensations sont moins précises et l'éjaculation moins puissante. Tout cela est normal. Cependant, la routine peut également être la cause du problème. Il est plus difficile d'être excité sexuellement quand on fait l'amour de la même façon, à la même personne depuis de nombreuses années. Mais il n'est jamais trop tard pour apporter de la variété dans sa vie sexuelle (voir chapitre 5).

J'ai 41 ans et des problèmes d'érection. Est-ce le début de l'impuissance ?

Oui et non. Les problèmes d'érection peuvent venir de la prise de certains médicaments, de problèmes relationnels, du stress, d'une dépression ou de l'abus d'alcool, pour ne citer que quelques causes possibles. Vous êtes un peu jeune pour devenir impuissant. Si les mesures personnelles, comme de réduire le stress ou résoudre vos problèmes relationnels ne sont d'aucun secours, consultez votre médecin qui vérifiera s'il n'existe pas de causes physiques sous-jacentes.

À 50 ans, je suis toujours trop fatigué pour faire l'amour. Je ne suis pas impuissant, mais simplement épuisé. Ma femme commence à s'impatienter, mais il m'est impossible de répondre à ses désirs. Que puis-je faire ?

Votre fatigue peut avoir plusieurs causes, comme le surmenage ou le stress et, dans ce cas, votre épuisement devrait vous forcer à ralentir votre rythme. Votre fatigue peut également avoir des causes physiques, dont certaines maladies et vous devriez consulter votre médecin. Il est possible également que vous soyez déprimé, la dépression diminuant le désir sexuel. Dans ce cas, demandez à votre médecin si vous pouvez prendre des antidépresseurs. Les médicaments vont faire disparaître cette attitude dépressive et votre médecin vous aidera à déterminer l'origine du problème et à l'éviter à l'avenir.

L'âge m'a apporté de l'embonpoint et je n'aime plus me déshabiller devant ma femme. est-ce dire que ma vie sexuelle est finie ?

Certainement pas. Quel est le comportement de votre femme vis-à-vis de votre corps ? Il est probable qu'elle vous aime toujours et vous désire tout autant et que vous avez seulement besoin d'être rassuré. D'un autre côté, si vous avez beaucoup grossi, vous risquez d'altérer votre santé (l'obésité de l'âge mûr est liée à toutes sortes de problèmes, dont les maladies cardiaques et le diabète), et il serait bon de demander l'aide de votre femme pour établir un programme de régime et d'exercice. Le plus important est en tout cas de partager vos sentiments et votre anxiété avec votre femme, pour que vous puissiez résoudre ensemble votre problème.

conseils

Relation sexuelle et érection partielle

Si vos érections sont moins fortes qu'elles ne l'étaient auparavant, l'acte sexuel est quand même possible avec une érection partielle (consultez un médecin si le problème est chronique).
• Tenez le pénis avec un doigt sur le côté, comme s'il s'agissait d'une attelle, pour aider la pénétration.
• Assurez-vous que votre partenaire est assez lubrifiée pour que votre pénis rentre facilement.

• Maintenez le pénis en place et demandez à votre partenaire de faire un mouvement de va-et-vient. Votre érection devrait durcir grâce à cette stimulation.

Mes pulsions sexuelles sont toujours aussi fortes, au contraire de ma femme qui a 49 ans. Que pouvons-nous faire ?

Votre femme subit probablement les effets de la ménopause et va avoir besoin de tout votre amour, de patience et de compréhension. Le désir sexuel peut baisser à la ménopause, ce qui est un effet secondaire des symptômes physiques et affectifs comme les bouffées de chaleurs, les sueurs nocturnes, l'irritabilité et les brusques changements d'humeur. Le désir sexuel revient souvent après la ménopause, d'autant plus que la femme n'a plus à se soucier de contraception. Rassurez votre épouse en lui disant qu'elle est toujours aussi désirable. Parlez avec elle de vos besoins sexuels mutuels. Certains spécialistes sont partisans du traitement hormonal substitutif (THS) dès le début de la ménopause et votre femme pourrait demander les conseils d'un gynécologue.

Le THS peut diminuer les symptômes et réveiller son désir sexuel. Les compléments alimentaires sont une autre possibilité (voir page 87).

Depuis qu'elle a subi une hystérectomie, ma femme a peur que je ne veuille plus faire l'amour avec elle. Pourquoi ?

On pourrait comparer l'hystérectomie à l'ablation des testicules chez l'homme. Imaginez ce que serait votre réaction dans cette situation. Il est probable que votre assurance et votre confiance sexuelles feraient place, comme cela arrive à votre femme, au doute quant à votre potentiel de séduction et votre identité sexuelle. Essayez d'être patient et compréhensif avec votre femme et encouragez votre famille et vos amis à faire de même. D'un point de vue médical, si votre femme a subi l'ablation des ovaires outre celle de l'utérus, elle pourrait envisager un THS.

THS pour les hommes

Qu'est-ce que le traitement hormonal de substitution (THS) pour les hommes ?

Le THS masculin est à base de testostérone. Il peut aider à faire renaître la libido et s'applique sous forme de patch ou de gel. Les médecins sont divisés sur le bien-fondé de cet apport régulier de testostérone, et certains spécialistes pensent qu'il peut induire un cancer de la prostate. Cependant, l'endocrinologue américain John Moran affirme que des études récentes ont montré que le risque est très faible si l'homme ne présente aucun signe avant-coureur du cancer de la prostate. Pour plus de sécurité, tous les hommes envisageant le THS subissent des tests permettant de détecter un éventuel cancer de la prostate, même au tout début.

Quels sont les bénéfices du THS ?

La testostérone ne se contente pas de faire redémarrer la fonction sexuelle, elle permet d'alléger les symptômes de l'andropause (voir page 55) et prévient les maladies cardio-vasculaires et l'ostéoporose. Celle-ci est un désordre commun aux femmes ménopausées, mais cinq ans plus tard, environ, les hommes commencent aussi à perdre leur capital osseux et sont sujets aux fractures, leurs os étant devenus friables.

Comment savoir si le THS me conviendrait ?

Bien que certains hommes tirent un bénéfice indiscutable du THS, cela n'est pas le cas pour tous. Il y aura toujours des individus dont le taux de testostérone naturelle restera assez haut pour rendre inutile un THS. En outre, il semble que certains hommes ne tirent aucun profit d'un apport supplémentaire de cette hormone. Une autre hormone, la DHEA, peut être alors préférable

THS pour les hommes

(consultez un endocrinologue à ce sujet). Pour savoir si le THS est indiqué dans votre cas, vous pouvez faire le test ci-dessous. Si vous répondez « oui » aux rubriques 1 et 7 et/ou à quatre rubriques sur la liste, vous souffrez peut-être d'une baisse de testostérone et pourriez tirer bénéfice d'un THS. (Cependant, ces symptômes pouvant aussi être causés par d'autres désordres, il est important de vérifier que vous n'avez pas de problèmes de thyroïde ou de dépression.) Ressentez-vous l'un ou plusieurs des désordres suivants ?

1. Diminution du désir sexuel.
2. Manque d'énergie.
3. Manque de force et d'endurance.
4. Perte de taille.
5. Perte du goût de la vie.
6. Tristesse et/ou mauvaise humeur.
7. Érections moins fortes.
8. Déclin de vos prouesses sportives.
9. Fatigue.
10. Déclin des résultats professionnels.

J'ai peur de prendre des hormones. Y a-t-il des substituts naturels qui me permettraient de garder mon énergie sexuelle ?

Il existe toutes sortes de suppléments naturels qui aident à garder le système reproducteur en bonne santé et ralentit les effets de l'âge. Par exemple, les phyto-œstrogènes (dérivés du soja et des algues) ont un effet reconnu contre le grossissement de la prostate (problème commun à l'âge mûr et à la vieillesse). Le gingko biloba protège contre les pertes de mémoire et stimule l'imagination. Le co-enzyme Q 10 est un antioxydant qui maintient le bon fonctionnement du corps. Le calcium, de préférence sous forme de lait écrémé, prévient la perte osseuse qui peut avoir pour conséquence indirecte une baisse de la libido.

étude d'un cas

« Il devint si irritable que je décidai presque de divorcer. »

Sandra, 58 ans

Notre mariage était parfait depuis des années quand Hubert commença à se montrer désagréable et d'humeur changeante. Nous nous disputions constamment et notre vie sexuelle cessa complètement. Il devint si irritable que je décidai presque de divorcer. Dans une dernière tentative pour sauver notre mariage, nous allâmes consulter ensemble, provisoirement sans résultat. Le psychologue suggéra que mon mari fasse un bilan de santé pour déterminer s'il n'existait pas une cause physique à son manque d'intérêt sexuel. Nous vîmes un médecin puis un spécialiste qui prescrivit un gel hormonal avec lequel Hubert devait se masser les bras. Les choses se sont alors améliorées. Nous avons recommencé à faire l'amour, pour la première fois depuis des années.

Hubert, 63 ans

Je n'avais aucune idée de la gravité de la situation jusqu'à ce que Sandra me suggère de consulter un médecin. Tout allait mal, j'étais constamment irrité ou en colère, perpétuellement fatigué et le sexe ne m'intéressait plus. Je ne me masturbais même plus. Le médecin me prescrit un gel hormonal parce que mon taux de testostérone était trop bas. Ce gel m'a considérablement aidé. Mais je dois admettre que, malgré le retour de mon désir sexuel, je me sens un peu rouillé, probablement parce que j'ai trop longtemps négligé ma vie sexuelle.

Commentaire :

« *Hubert montrait certains des symptômes classiques de l'andropause, fatigue, irritabilité et diminution du désir sexuel. Les séances chez le psychologue révélèrent qu'aucun événement spécifique survenu dans son mariage ne pouvait justifier cette humeur massacrante. Ni le psychologue, ni le médecin ne pensaient qu'Hubert était dépressif. Après un bilan de santé complet, comprenant une analyse d'hormones, on s'aperçut que le taux de testostérone d'Hubert était trop bas et l'endocrinologue lui prescrit un THS sous forme de gel. Son taux de testostérone revint à la normale, sa mauvaise humeur disparut, sa libido réapparut et sa femme retrouva sa sérénité. Bien que la confiance d'Hubert en sa sexualité a été entamée au cours des années précédentes, quelques séances de thérapie chez un sexologue pourraient l'aider, lui et Sandra, à redécouvrir l'intimité et la sensualité qu'ils ont partagées autrefois.* »

sexe et vieillissement

Tous les hommes finissent-ils par devenir impuissants ?

Pas nécessairement. Des recherches menées en 1984 ont montré que dans le groupe des plus de 70 ans, 59 % des hommes faisaient encore l'amour avec leur partenaire, 22 % avaient une activité sexuelle consistant à se masturber. Selon Alfred Kinsey, 75 % des hommes de plus de 80 ans sont généralement impuissants. Kinsey affirme qu'il existe un déclin naturel et progressif de l'activité sexuelle avec les années. Les plus récentes recherches ont confirmé cela, mais ont précisé que les hommes dont la libido était très développée dans leur jeunesse continuaient à faire l'amour dans leur vieillesse.

Jusqu'à quel âge l'homme peut-il procréer ?

Théoriquement, les hommes peuvent engendrer toute leur vie. Picasso, qui avait plus de 80 ans quand son dernier enfant est né, est un exemple célèbre. Cependant, les hommes âgés étant généralement impuissants, il leur est difficile de procréer en ayant une relation sexuelle normale. Heureusement, les hommes qui souffrent d'impuissance ont souvent une fertilité normale. Les technologies modernes de la reproduction peuvent les aider à engendrer par la procréation assistée.

Il y a quelques années, j'ai commencé à avoir des problèmes d'érection et le médecin a diagnostiqué un diabète. Bien que je maîtrise aujourd'hui mon diabète, mes érections ne sont pas revenues. Que m'arrive-t-il ?

Le diabète des adultes est une maladie extrêmement courante à l'âge mûr et dans la vieillesse. Elle peut altérer la fonction sexuelle de deux façons, premièrement en causant une détérioration des nerfs qui conduisent au pénis, et également en endommageant les artères, ce qui réduit le flux sanguin vers la verge. Ces dommages peuvent rendre l'érection difficile. Malheureusement, le fait de contrôler son diabète ne redonne pas forcément la capacité d'avoir une érection. Demandez à votre médecin s'il existe d'autres traitements, comme la pompe pénienne.

Mon médecin m'a averti que je devais me faire opérer de la prostate. J'ai entendu dire que cela pourrait m'empêcher d'avoir une vie sexuelle normale. Est-ce vrai ?

Il arrive fréquemment que la taille de la prostate augmente avec l'âge. La pression qui s'ensuit alors sur l'urètre rend difficile et pénible, ou parfois même empêche, l'évacuation de l'urine et l'éjaculation. Certains hommes sont traités par des hormones, dont un des effets secondaires peut être la baisse de la libido. D'autres se font opérer. Il existe au moins trois procédés chirurgicaux (transurétral, suprapubien et rétropubien) qui n'interfèrent aucunement avec la fonction sexuelle. Cependant, dans ces trois cas, l'orgasme sera « sec », le sperme étant éjaculé vers l'arrière dans la vessie et non vers l'avant par le pénis. Le type d'opération la moins courante (chirurgie périnéale) endommage les nerfs du pénis, ce qui aboutit fréquemment à l'impuissance. Parlez de vos inquiétudes à votre médecin ou à votre chirurgien et demandez-lui à quoi vous devez vous attendre.

Si je me réveille le matin avec un pénis en érection, cela signifie-t-il que je suis capable d'avoir un rapport sexuel ?

En général, la réponse est affirmative. Un manque absolu d'érections spontanées, que ce soit pendant le sommeil, au réveil ou dans la journée, indique probablement un problème physique sous-jacent qui vous empêche d'avoir une érection. D'un autre côté, si vous avez des érections spontanées régulières mais quelques difficultés quand il s'agit de faire l'amour avec une partenaire, cela peut venir de votre anxiété. Les hommes qui souffrent de problèmes d'érection doivent consulter un médecin pour avoir un avis professionnel.

précisions

Comment marche la pompe pénienne ?

La pompe pénienne fonctionne sur le principe du vide. Un cylindrique creux est fixé sur le pénis et l'air est doucement pompé à l'extérieur, en créant un vide autour de la verge, laquelle se gonfle de sang ce qui provoque une érection. Un anneau pénien spécialement étudié est ensuite glissé sur la base du pénis pour maintenir l'érection et le cylindre est retiré. L'homme peut alors avoir une relation sexuelle normale et il enlève l'anneau pénien par la suite (l'anneau ne doit pas être laissé en place plus de 30 minutes).
Une autre possibilité est l'étui pénien qui fonctionne sur le même principe. L'étui ressemble à un préservatif et entoure le pénis.

Quelles sont les meilleures façons de surmonter l'impuissance ?

Il existe plusieurs méthodes et vous devriez en discuter avec votre médecin. Vous devez cependant vous rappeler que l'impuissance comporte toujours une cause psychologique, même si la cause sous-jacente est physique. Quand rien ne va plus, vous vous sentez mal dans votre peau et votre traitement devra en tenir compte. Voici les possibilités dont vous devriez parler à votre médecin :

• Le Viagra (sous forme de pilule) est un médicament sur prescription qui agit en accroissant le flux de sang dans le pénis.

• Vous pouvez faire des auto-injections d'hormones, directement dans la verge, à l'aide d'un accessoire spécial (ces injections ont été largement mais pas entièrement remplacées par le Viagra).

• La pompe pénienne est un procédé qui provoque une érection par des méthodes mécaniques (voir encadré page ci-contre). On l'utilise avec un anneau pénien, élastique spécifiquement étudié et placé autour de la base du pénis pour conserver l'érection.
La pompe est un moyen bon marché et efficace d'obtenir une érection, et beaucoup d'hommes la préfèrent aux médicaments.

• On trouve différents types d'implants, qui sont insérés chirurgicalement dans le pénis.

• Thérapie sexuelle. Pendant la thérapie sexuelle, le couple doit suivre les séances d'information, reçoit des « devoirs » à faire à la maison et est prié de ne pas avoir de relations sexuelles mais de pratiquer en privé des exercices de massage et de relaxation, dont le but est de reconstruire une approche commune du sexe et de ses performances. Le parcours sensuel (voir page 77) est un exercice couramment prescrit.

Je souffre d'impuissance intermittente. Que puis-je faire pour améliorer ma vie sexuelle ?

Le traitement étant différent selon la cause de votre impuissance, vous devez tout d'abord déterminer celle-ci. Commencez par faire un bilan de santé complet pour éliminer des problèmes comme le diabète ou l'athérosclérose (blocage et rétrécissement des artères). L'une des causes les plus courantes de l'impuissance est la « fuite » veineuse, défaut de fermeture qui empêche le sang de se maintenir dans les corps caverneux. Le pénis raidit et se dresse mais se vide aussitôt, les sphincters veineux qui permettent de conserver le sang dans la verge étant défectueux.

La prise de Viagra (sous contrôle médical) permettra de déterminer si votre impuissance est de ce type. Si vous avez encore des problèmes d'érection quand vous prenez du Viagra, il est probable que vous souffrez de « fuite » veineuse. Bien que la microchirurgie puisse être utilisée pour réparer les sphincters, elle est difficile, chère et pas toujours efficace. Les spécialistes reviennent aujourd'hui à une solution plus simple et meilleur marché, l'anneau pénien. Il comprime les vaisseaux sanguins à la base du pénis et peut être utilisé avec une pompe pénienne. L'impuissance intermittente peut aussi avoir une origine psychologique et, dans ce cas, vous devriez consulter un sexologue.

Le Viagra peut-il guérir certains cas d'impuissance ?

Non, le Viagra ne traite pas l'impuissance, mais n'agit qu'en « renfort ». La pilule prise environ une heure avant de faire l'amour, vous aidera à obtenir une érection en accroissant le flux de sang dans le pénis. Le Viagra ne donne pas automatiquement une érection et vous devez d'abord être sexuellement excité et stimulé. Si cela n'est pas le cas, la pilule ne vous fera aucun effet.

Le Viagra convient-il à tous ?

Le Viagra ne convient pas (ou ne marche pas) pour tous les hommes qui ont des problèmes d'érection. Il est déconseillé en cas de problèmes cardio-vasculaires, hépatiques ou rénaux, d'ulcère de l'estomac, de problèmes sanguins comme la leucémie ou l'anémie à hématies falciformes. Le Viagra est incompatible avec d'autres médicaments et ne doit jamais être pris avec des remèdes contenant des nitrates (les nitrates se trouvent couramment dans de nombreux médicaments). Il pourrait alors provoquer une baisse dangereuse et même fatale de la pression sanguine.

Le Viagra a-t-il des effets secondaires ?

Maux de tête, bouffées de chaleur et maux d'estomac peuvent figurer parmi les effets secondaires qui sont généralement peu importants et passent le plus souvent en quelques heures. Si vous avez des effets secondaires sérieux, des problèmes cardio-vasculaires ou une érection qui dure plusieurs heures, consultez immédiatement un médecin.

Ma femme me désire toujours après 40 ans de mariage, mais je trouve de plus en plus difficile d'atteindre l'orgasme. Qu'est-ce qui ne va pas ?

Votre problème est certainement lié au vieillissement. Vous pouvez essayer d'accroître la stimulation physique (friction) et affective (fantasmes). Les fantasmes, je vous les laisse (bien que les jeux érotiques et sexuels légaux puissent être envisagés). Pour augmenter la friction, placez un oreiller sous les fesses de votre femme dans la position du missionnaire. Demandez-lui aussi de serrer ses jambes l'une contre l'autre, pour que la pression de ses cuisses vous stimule davantage.

J'ai 60 ans et je ne suis pas capable de faire l'amour aussi souvent que je le voudrais. J'ai épousé l'année dernière une femme de dix ans plus

conseils

Rejeter les attitudes négatives

Les attitudes négatives envers le sexe et l'âge peuvent avoir un effet pervers sur votre vie sexuelle mais aussi sur votre amour-propre en général. Vous pouvez essayer de rejeter les stéréotypes sexuels négatifs de la façon suivante :

- Restez en forme par un régime approprié et de l'exercice régulier.
- Soignez votre aspect physique et soyez-en fier.
- Soyez ouvert. Le repli sur soi altère l'approche de la relation sexuelle.
- Flirtez avec le sexe opposé. Soyez sûr de vous.
- Apprenez à reconnaître la beauté individuelle qui se trouve derrière les rides.
- Menez une campagne vigoureuse contre toute attitude négative envers le vieillissement.

jeune que moi, et qui s'attend à une relation sexuelle active. Que puis-je faire ?

Elle peut avoir une relation sexuelle active si elle ne s'attend pas à ce que vous vous comportiez comme un adolescent, avec les réflexes et la vigueur d'un étalon. Vous pouvez l'emmener au lit matin, midi et soir, et la faire jouir avec vos mains, votre bouche et tout votre corps. En l'absence de deux problèmes, maladie déclarée et certitude que les personnes âgées doivent être asexuées, les relations sexuelles peuvent continuer aussi longtemps que vous le désirez. Si vous souffrez de problèmes d'érection ou de désir sexuel, consultez votre médecin.

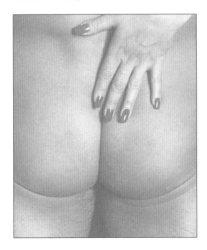

À 72 ans, ma partenaire est convaincue que notre vie sexuelle lui a gardé sa jeunesse. Cela peut-il être vrai ?

L'activité sexuelle de la vieillesse peut en effet aider à garder des organes et une fonction sexuels en bonne santé. On pense aussi que les hormones et les nutriments contenus dans le sperme conservent l'humidité et la jeunesse du vagin, comme une sorte de THS intra-vaginal. Sur le plan affectif, continuer à partager l'intimité sexuelle en vieillissant peut vous aider à garder votre jeunesse et votre vitalité.

Ma femme est décédée il y a un an et elle me manque beaucoup. Je ne pourrai jamais la remplacer et je ne me remarierai jamais. J'ai pourtant eu récemment des rêves terriblement érotiques. Pourquoi ?

Le deuil doit se faire, parfois pendant des mois ou des années, mais la vie physique continue, y compris le désir sexuel. De plus, vous pouvez ressentir à la fois de la colère parce qu'elle vous a « laissé », et un « soulagement » parce que vous êtes libre. Ces deux sentiments pourraient nourrir les fantasmes de vos rêves. Essayez d'accepter vos rêves érotiques.

avez-vous confiance en vous ? sexuellement

Les hommes pensent souvent que pour prendre de l'assurance,
ils doivent faire l'amour avec de nombreuses partenaires. En fait, il vous
suffit d'être ouvert et de ressentir une certaine curiosité pour le sexe.

Vous vous réveillez à côté de votre amie et vous n'avez qu'une envie, faire l'amour :

☐ **A** Vous l'embrassez passionnément et vous lui faites une proposition qu'elle ne peut refuser ?

☐ **B** Vous vous nichez contre elle et la caressez jusqu'à ce qu'elle soit excitée ?

☐ **C** Vous lui faites un petit baiser sur la joue et espérez qu'elle va se réveiller ?

Pendant les préliminaires, vous commencez par :

☐ **A** Embrasser, caresser et toucher les parties sensibles de son corps ?

☐ **B** Toucher ses bouts de sein et ses parties génitales ?

☐ **C** Frotter votre corps contre le sien jusqu'à ce que vous la sentiez prête ?

Quand vous pratiquez l'excitation buccale êtes-vous :

☐ **A** Un pro de la langue ? Vous l'amenez toujours à l'orgasme.

☐ **B** Un amateur ? Vous essayez, mais vous avez rarement la technique ou la patience de lui provoquer un orgasme.

☐ **C** Un visiteur occasionnel ? Vous essayez rarement parce que vous n'êtes pas sûr que votre amie aime ce que vous lui faites.

Quand vous stimulez manuellement le clitoris de votre amie :

☐ **A** Vous allez droit au but et amenez lentement votre amie à l'orgasme ?

☐ **B** Vous visez plus ou moins dans la bonne direction en espérant que votre amie va guider votre main ?

☐ **C** Vous essayez de l'éviter à moins que votre amie ne vous le demande ?

Votre partenaire essaye de vous masturber, mais elle ne sait pas s'y prendre et vous perdez rapidement tout intérêt :

☐ **A** Vous lui expliquez avec des mots érotiques la façon d'opérer ?

☐ **B** Vous guidez sa main ?

☐ **C** Vous la laissez continuer, peut-être va-t-elle comprendre ?

Vous faites l'amour et votre partenaire vous dit qu'elle est sur le point de jouir. À quoi pensez-vous :

☐ **A** Comment puis-je la faire jouir plus intensément ?

☐ **B** Super, maintenant vous pouvez jouir vous-même ou vous coucher et vous relaxer ?

☐ **C** Quel soulagement, vous aviez peur qu'elle n'y arrive pas ?

Avec votre partenaire, faites-vous l'amour :

☐ **A** Dans toutes sortes de positions, selon l'humeur et l'emplacement ?

☐ **B** Dans trois ou quatre positions ?

☐ **C** Dans une ou deux positions ?

Votre amie paraît avoir du mal à atteindre l'orgasme quand vous faites l'amour :

☐ **A** Vous lui en parlez et essayez quelques positions et techniques qui pourraient l'aider ?

☐ **B** Vous vous activez davantage ?

☐ **C** Vous espérez que cela va s'arranger bientôt ?

À propos du point G de votre amie, pensez-vous que :

☐ **A** Vous pouvez vous amuser tous les deux à le trouver ?

☐ **B** Si vous le découvrez par hasard, tant mieux, mais vous n'avez pas l'intention de le chercher ?

☐ **C** Vous n'êtes pas sûr de la procédure à suivre ?

Quand il s'agit de prendre l'initiative :

☐ **A** Vous faites le premier pas mais vous aimez tout autant que ce soit votre partenaire ?

☐ **B** Vous préférez que ce soit l'un ou l'autre qui commence, toujours le ou la même ?

☐ **C** Vous avez un ordre bien précis pour les préliminaires et vous n'aimez pas en changer ?

Si vous faites l'amour et que votre amie veut arrêter avant que vous ayez joui :

☐ **A** Vous lui demandez de vous stimuler jusqu'à l'orgasme ?

☐ **B** Vous le faites vous-même ?

☐ **C** Stop. Vous pouvez toujours essayer plus tard ?

RÉPONSES

A majoritaires. Vous semblez savoir ce que vous faites pour rendre votre partenaire heureuse au lit et et vous assurer une vie sexuelle mutuelle satisfaisante et variée. Vous savez comment stimuler votre partenaire et vous avez la patience d'apprendre ce dont elle a besoin. Vous avez également assez confiance en vous pour lui permettre de prendre l'initiative. Ne faites pas l'erreur cependant d'être trop satisfait de vous-même. Il est toujours possible de continuer à apprendre.

B majoritaires. Bien que vous aimiez faire l'amour et que vous vouliez satisfaire votre partenaire, vous n'êtes pas toujours sûr de connaître ses désirs et ses besoins. Vous voudriez innover, mais vous n'avez pas la confiance en vous et la patience nécessaires pour aller jusqu'au bout. Bien que votre vie sexuelle soit tout à fait satisfaisante la plupart du temps, ce n'est peut-être pas le cas pour votre partenaire. Essayez d'accepter ses conseils. Il faudrait également apprendre à mieux connaître votre corps et celui de votre partenaire et à considérer votre vie sexuelle comme une vraie relation mutuelle.

C majoritaires. Vous devriez vous laisser aller un peu plus lorsque vous faites l'amour. Votre sensibilité vous conduit à éviter les domaines où vous manquez de confiance. En parlant à votre partenaire de ses désirs et en vous exerçant physiquement, vous vous apercevrez rapidement que vous connaissez beaucoup mieux le corps de votre amie que vous le pensiez.

questions féminines

L'attitude de la femme face au sexe change au cours de sa vie et même d'une relation à l'autre. Comprendre votre sexualité peut vous aider à aimer votre corps et à mener une vie sexuelle satisfaisante, que vous ayez 20 ans ou 80 ans.

évaluation du potentiel sexuel

Mon ami m'a laissé tomber pour une fille beaucoup plus sexy. J'ai l'impression d'être laide et terne. Comment pourrai-je jamais rencontrer un autre homme ?

Je crois sincèrement que l'aspect physique ne suffit pas à attirer un homme, l'alchimie étant due, en fait, à une sorte d'étincelle intérieure. Mais il vaut mieux se sentir belle et, si vous aimez votre corps, votre étincelle intérieure a plus de chance d'apparaître au grand jour ! Mangez sainement, faites de l'exercice, investissez dans des vêtements neufs. Et soyez objective : trop de femmes accordent une importance exagérée aux aspects négatifs de leur corps, imaginant par exemple qu'elles ont un teint affreux alors qu'il ne s'agit que d'un petit bouton !

Mon partenaire perd souvent son érection quand nous faisons l'amour et j'ai peur

de n'être pas assez sexy pour lui. Que puis-je faire ?

Il est parfaitement normal qu'une érection apparaisse et disparaisse, cela arrive à la plupart des hommes. Parlez à votre ami et demandez-lui ce qu'il pense de la situation. Si cela ne l'inquiète pas, apprenez plutôt à développer votre confiance en vous-même.

Je n'ose pas exprimer tout haut mes désirs pendant l'amour. Comment trouver les mots ?

Faites quelques exercices pour vous affirmer. Dressez une liste de 10 choses que vous voudriez changer dans votre

vie et classez-les par ordre de difficulté. En commençant par la plus simple, remontez jusqu'en haut de la liste. Les choses difficiles finiront par vous paraître simples avec l'habitude. Quant à votre vie sexuelle, commencez par flatter avant de poser votre requête. Dites par exemple : « Tu sais si bien me caresser les seins. J'adorerais que tu fasses de même avec mon clitoris. »

Je suis toujours nerveuse et complexée au lit et mes partenaires me laissent tomber rapidement. Que puis-je faire ?

Expliquez à votre nouvel ami que vous avez peur de vous laisser aller et que vous avez besoin de son aide. Vous pourriez lui demander d'apprendre à mieux vous connaître mutuellement avant de faire l'amour. Vous devez développer votre confiance en vous. Si vous pouviez mieux exprimer vos désirs (même s'ils sont très simples), vous vous sentiriez beaucoup plus forte. Essayez l'exercice « oui/non » (voir page 98).

les seins et les parties génitales

précisions

Rapports douloureux

Le nom médical des rapports douloureux est dyspareunie. Si vous souffrez de dyspareunie, vous devriez consulter votre médecin ou un urologue. Voici les raisons les plus courantes de la dyspareunie :

• Votre vagin est insuffisamment lubrifié et le pénis frotte douloureusement contre la paroi vaginale. Soyez sûre d'être « prête » avant d'accepter la pénétration.

• Une pénétration profonde peut heurter l'un des ovaires en provoquant une douleur. Changez de position.

• Vos muscles vaginaux ont des spasmes ou sont contractés quand vous faites l'amour. Consultez votre médecin.

• Vous avez eu récemment une épisiotomie (section de la vulve et des muscles du périnée pendant l'accouchement). Attendez une cicatrisation complète avant de refaire l'amour.

• Les glandes de votre vagin sont enflammées et douloureuses. Ce sont les signes d'une bartholinite qui doit être traitée par le gynécologue.

• Vous souffrez d'un problème gynécologique ou d'une maladie sexuellement transmissible (MST). Consultez votre médecin.

• Vous faites très souvent l'amour et votre vagin et votre vulve sont enflammés ou irrités. Attendez de vous sentir mieux avant d'avoir des relations sexuelles.

• Votre hymen est encore intact. S'il ne se rompt pas naturellement, consultez votre médecin.

L'un de mes seins est plus gros que l'autre. Est-ce normal ?

Il est très courant qu'un sein ou un bout de sein soit différent de l'autre par la forme ou la taille. Aucune poitrine n'est semblable à une autre et il est normal de constater des différences.

J'ai de très gros seins et j'ai peur que les hommes ne s'intéressent à moi que pour cette raison. Que puis-je faire ?

Les femmes à grosse poitrine attirent souvent les hommes, et ce bien malgré elles, elles ont ainsi l'impression que leurs seins sont leur seul attrait. Essayez de porter des vêtements dont la couleur et le style atténuent la taille de votre poitrine, ou, si cela vous semble trop difficile, parlez librement de votre anxiété avec les hommes et demandez-leur de s'exprimer aussi librement. En dernier recours seulement, vous pouvez faire appel à la chirurgie.

J'ai honte de mes seins parce qu'ils pendent. Que puis-je faire ?

En vieillissant, le tissu qui soutient les seins devient moins dense et les ligaments perdent de leur élasticité. Ces changements provoquent la chute de la poitrine. Vous pouvez maintenir vos seins avec un bon soutien-gorge, mais il est important de savoir qu'une poitrine parfaite n'existe pas. Les médias présentent trop souvent l'image de poitrines jeunes et fermes, mais la majorité des femmes ont des seins qui pendent, ou s'écartent, ou des bouts de sein de forme irrégulière. La poitrine change également d'aspect au cours du cycle menstruel et gonfle souvent avant les règles.

Je n'ai aucune poitrine et n'ai même pas besoin de soutien-gorge. Comment plaire aux hommes ?

La société et les médias accordent une telle attention à la poitrine que les femmes ont de moins en moins confiance en elles si leurs seins ne sont pas parfaits. Heureusement, les prédilections masculines sont très variées quand il s'agit de poitrine. Ne vous inquiétez pas si vous êtes trop plate, la qualité des relations sexuelles dépend rarement de la grosseur des seins. N'envisagez la chirurgie qu'en dernier recours.

Mon ami me dit que ma poitrine rougit quand j'approche de l'orgasme. Parfois, cette rougeur s'étend à mon cou et mon visage et j'ai très chaud. Est-ce normal ?

Oui, cela est parfaitement normal (voir encadré page 74 sur la voie de l'orgasme), vous pouvez être fière de la qualité de vos réactions sexuelles. Regardez votre ami quand vous faites l'amour, certains hommes éprouvent les mêmes rougeurs.

Mes poils pubiens continuent sur mes cuisses et jusqu'à mon nombril. Que puis-je faire ?

Réjouissez-vous, cela prouve probablement que votre potentiel sexuel est élevé. Les femmes très poilues, avec une tendance à l'acné et parfois une peau grasse, sécrètent généralement beaucoup de testostérone naturelle. L'hormone accroît non seulement votre potentiel sexuel, mais vous permet d'être facilement excitée et d'atteindre aisément l'orgasme. Si vous décidez de vous débarrasser de vos poils, choisissez

les seins et les parties génitales

une méthode durable comme la cire. Si les poils sont fins et rares, arrachez-les ou décolorez-les. Les cas sévères d'hirsutisme doivent être traités au laser.

Mon ami dit que mon vagin est trop grand, ce qui me perturbe. Que puis-je faire ?

Si vous n'avez jamais eu d'enfant, il est peu probable que votre vagin soit trop grand. En fait, ce serait plutôt le contraire, spécialement pour les femmes qui sont au début de leur vie sexuelle. Essayez de mettre un doigt dans votre vagin puis de le serrer en contractant les muscles vaginaux (imaginez que vous essayez de vous arrêter d'uriner à mi-chemin). Même si vous ne sentez qu'une faible contraction, tout va bien, vous n'avez pas besoin de vous inquiéter de la grandeur de votre vagin (après tout, comparez la largeur de votre doigt à la largeur du pénis). Si vous voulez augmenter la force des muscles vaginaux et du plancher pelvien, vous pouvez pratiquer des exercices spéciaux ou exercices de Kegel (voir page 67). Vous devez aussi savoir que les hommes qui ont du mal à garder une érection peuvent avoir tendance à accuser la taille du vagin. Je parie que si vous aidez votre ami à obtenir une érection solide par un massage génital sensuel, il oubliera de se plaindre.

Mes parties génitales sont affreuses, surtout les petites lèvres, trop longues et molles. Cela m'inquiète beaucoup. Que puis-je faire ?

Ne vous inquiétez pas, il est tout à fait normal que les petites lèvres dépassent les grandes lèvres. De plus, il existe autant de « styles » de parties génitales que de différences dans les traits du visage, aucun n'étant plus ou moins beau que l'autre.

Je voudrais découvrir mon point G. De quoi s'agit-il exactement et est-il vrai qu'il permet d'éjaculer ?

« G » est l'initiale de Grafenburg. Ernst Grafenburg était un gynécologue allemand qui identifia une zone érogène sensible à environ deux tiers de la paroi antérieure du vagin. Si l'on appuie sur le point G d'une certaine façon, il peut déclencher rapidement un orgasme chez certaines femmes et parfois les faire « éjaculer » un mince filet de liquide pâle. Il existe de nombreuses controverses à propos de ce liquide, certains sexologues disant qu'il ne s'agit que d'urine et d'autres affirmant qu'il est similaire au liquide prostatique (un composant du sperme sécrété par la prostate, chez les hommes). On pense que le point G vient de la même structure que la prostate pendant le développement fœtal. Il est difficile de sentir votre propre point G, qui est souvent situé assez loin dans le vagin. Il est plus facile à un homme de l'atteindre, ses doigts étant plus longs que ceux de la femme et son poignet pouvant se mettre plus naturellement dans la bonne position (voir page 49).

Mon ex-ami me dit souvent que mes parties génitales sont malodorantes, bien que je pratique toujours une toilette intime très soignée. Moi-même je ne sens rien, mais cela me rend si nerveuse que j'ai peur de m'approcher des hommes. Ai-je attrapé une maladie vénérienne ?

Cela est possible, mais en fait peu probable. Pour éliminer cette éventualité, consultez votre médecin ou un gynécologue. Si vous n'avez pas de maladie vénérienne et que vous lavez régulièrement votre vulve et votre périnée à l'eau et au savon non parfumé, il est possible que votre ex-ami ressente une aversion pour les odeurs corporelles naturelles. Le problème vient de lui et non de vous. Heureusement, la majorité des hommes sont plutôt excités par les odeurs naturelles de la femme.

Mon vagin produit des bruits incongrus pendant l'amour. Je trouve cela très embarrassant. Comment puis-je les faire cesser ?

Beaucoup d'autres femmes connaissent elles aussi cet inconvénient, causé par l'air entrant dans le vagin pendant le rapport sexuel, et qui en ressort bruyamment. Certaines positions pouvant favoriser l'entrée de l'air, essayez de repérer celles qui vous embarrassent le plus. Cependant, la meilleure attitude, et de loin, est de rire tout simplement de ces bruits

naturels à l'amour, en partageant votre gaieté avec votre partenaire.

Mon ami a un très grand pénis. Je n'ai pas encore fait l'amour avec lui et j'ai peur qu'il me fasse mal. Y a-t-il des positions spécialement indiquées pour mon cas ?

Il serait raisonnable d'éviter les positions qui permettent une pénétration profonde, dont la position classique du missionnaire et celle de la levrette. Une façon de donner plus de place au pénis est de vous coucher sur le dos en serrant les jambes. Le sexe de votre ami passera ainsi entre vos jambes pour entrer dans votre vagin. La position sur le côté et face à face conviendrait également. Vous pouvez aussi vous étendre sur votre ami, ce qui vous permet de contrôler la profondeur de la pénétration.

Quand j'essaye de faire l'amour, mon vagin est tellement contracté que mon ami ne peut me pénétrer. Je l'aime vraiment et je veux faire l'amour avec lui. Quel est mon problème ?

Vous souffrez de vaginisme, provoquant des spasmes involontaires du vagin et probablement causé, selon les experts, par un traumatisme physique ou psychologique survenu dans le passé et resté dans votre inconscient. Par exemple, certaines femmes peuvent avoir subi un examen gynécologique déplaisant lorsqu'elles étaient plus jeunes, ou d'autres avoir eu une expérience sexuelle traumatisante, l'un comme l'autre cas pouvant déclencher une peur panique de la pénétration. Un spécialiste vous aidera à éliminer ce problème en vous apprenant peu à peu comment insérer des objets cylin-

driques inoffensifs dans votre vagin. Vous commencerez avec des cylindres de petite taille pour arriver peu à peu aux gros modèles, de façon à ce que vous (et votre vagin) vous habituiez à divers degrés de pénétration. Parler de vos angoisses peut aider, mais pas toujours.

Mon ami et moi, nous avons essayé de faire l'amour pour la première fois pendant presque un mois, mais il n'arrive pas à me pénétrer. Comment pourrais-je jamais perdre ma virginité ?

Regardez vos parties génitales de près, à l'aide d'un petit miroir pour que vous puissiez voir si l'entrée de votre vagin est ouverte ou obscurcie par une fine membrane. Si vous voyez une membrane, c'est votre hymen, qui devrait être rompu pour permettre le rapport sexuel. Si l'hymen est trop solide pour se rompre au cours de l'acte normal (comme dans votre cas), vous devez consulter votre médecin. Mais si vous connaissez ce genre de difficultés alors que votre hymen est déjà rompu, vous souffrez peut-être alors de vaginisme (voir question précédente).

conseils

Exercices de Kegel

Les exercices de Kegel (du nom de leur inventeur, le médecin Arnold Kegel) sont des exercices souvent recommandés aux femmes avant et après l'accouchement, afin d'améliorer la tonicité des muscles du périnée et du vagin. Cependant, toute femme peut les pratiquer à n'importe quel moment de sa vie pour tonifier les muscles vaginaux. En fait, ces exercices peuvent améliorer votre vie sexuelle, en intensifiant les sensations pendant le rapport sexuel. Il faut parfois six semaines de pratique avant d'en constater les bienfaits.

1. Identifiez les muscles du périnée en arrêtant le flot d'urine au milieu de l'émission quand vous allez aux toilettes. Les muscles impliqués sont les muscles du périnée.

2. Contractez le périnée trois secondes et relâchez-le trois secondes. Recommencez. Faites cela 10 fois, trois fois par jour.

3. Imaginez que votre vagin est un ascenseur que les muscles du périnée permettent d'arrêter à chaque étage. Prenez l'ascenseur pour trois étages, en vous arrêtant à chaque étage, puis redescendez dans l'ascenseur, en vous arrêtant à nouveau à chaque étage. Pratiquez trois fois par jour.

Les faits

Le clitoris a la même structure que la verge. Il possède un gland et un corps caverneux et, bien qu'à peine visible, il s'enfonce de plusieurs centimètres à l'intérieur du corps.

masturbation

Est-il normal pour une femme de se masturber ?

Les femmes de tous âges et de tous milieux, qu'elles soient mariées, pacsées, célibataires ou ayant une relation passagère, aiment se masturber.
La masturbation féminine est non seulement reconnue comme un moyen agréable et sain d'exprimer sa sexualité, mais elle est aussi une excellente façon de connaître votre corps et ses réactions, pour que vous puissiez transmettre vos connaissances à vos partenaires.

Comment les femmes se masturbent-elles ?

Les femmes se masturbent de nombreuses façons. Le docteur Hite fut la première personne à s'enquérir auprès d'un certain nombre de femmes de leurs techniques favorites de masturbation ainsi que d'autres aspects de leur sexualité. Les résultats de cette enquête furent publiés dans le rapport Hite (1976). Elle découvrit que si la plupart des femmes se masturbaient en frottant le clitoris avec les doigts, il existait plusieurs variantes. Par exemple, une femme peut insérer un doigt ou un vibromasseur dans le vagin tout en frottant son clitoris. Elle peut aussi caresser d'autres zones érogènes de son corps, poitrine ou anus. Certaines femmes stimulent le clitoris avec un vibromasseur ou le jet d'eau de la douche. Quelques femmes se masturbent en croisant les jambes et en serrant les cuisses d'un mouvement rythmé ou en se frottant contre un objet mou tel un coussin.

Je ne me suis jamais masturbée, mais j'aimerais essayer. Par où commencer ?

Commencez par trouver un moment où vous êtes sûre de pouvoir vous relaxer sans être dérangée. Prenez d'abord un bain de star. En vous savonnant, faites courir vos mains sur tout votre corps, en savourant les sensations qu'elles provoquent. Après votre bain, massez-vous avec des huiles parfumées. Ne touchez pas encore vos parties génitales, mais concentrez-vous pour mieux caresser les zones érogènes comme le ventre, les fesses, les lèvres et les seins. Vous pouvez commencer à fantasmer. Faites glisser vos mains sur vos parties intimes. Massez-les simplement comme vous l'avez fait pour le reste du corps. Appréciez les sensations et commencez à vous exciter en vous fixant sur les zones sensibles. Si vous éprouvez un orgasme, c'est parfait, mais ce n'est pas le but de l'exercice. La prochaine fois que vous vous stimulerez, suivez le même chemin mais passez moins de temps sur le corps et concentrez-vous sur vos parties intimes. Continuez à vous exciter par la stimulation des zones réellement sensibles. Si le plaisir devient intense, continuez jusqu'à atteindre l'orgasme. Si vous n'éprouvez pas

étude d'un cas

« Un ami m'a acheté un vibromasseur, pour plaisanter. »
Jeanne, 25 ans

J'ai eu deux amis sérieux et je suis maintenant célibataire. J'ai toujours eu du mal à atteindre l'orgasme pendant l'amour et cela ne m'est arrivé que très rarement avec l'un comme l'autre de mes ex-amis, et même alors, seulement dans certaines positions. J'aime le sexe, mais j'éprouve toujours une déception. J'ai essayé autrefois la masturbation, mais je souffre d'inhibition et j'abandonne généralement avant d'atteindre l'orgasme. Pour mon dernier anniversaire, l'un de mes amis m'a acheté un vibromasseur. Après l'avoir laissé quelques semaines dans le tiroir, j'ai fini par l'utiliser. Le résultat fut excellent et j'ai même eu un orgasme. Cela a changé mon attitude envers la masturbation et je suis contente d'avoir trouvé un moyen de me satisfaire quand je n'ai pas d'homme dans ma vie.

Commentaire :

≪ *Selon le rapport Hite, il est courant pour une femme d'éprouver de la gêne ou un sentiment de culpabilité quand elle se masturbe, même si elle apprécie les sensations et la détente procurée par la masturbation. Il est bon que Jeanne ait trouvé ce moyen de surmonter ses réticences. La masturbation lui a apporté une assurance et une indépendance nouvelles, mais elle lui permettra aussi de montrer à son prochain ami comment la stimuler pour qu'elle puisse éprouver un orgasme pendant l'amour.* ≫

d'orgasme après plusieurs automassages, recommencez en ajoutant un vibromasseur.

Pourquoi mes orgasmes sont-ils plus intenses quand je me masturbe que pendant l'acte sexuel ?

C'est normal, le pénis ne stimule pas le clitoris de façon très efficace. En fait, la majorité des femmes n'éprouvent pas d'orgasme avec le seul acte sexuel. Par contraste, les doigts sont parfaits pour stimuler le clitoris.

Comment puis-je apprendre à un homme à me masturber ?

Masters et Johnson, les célèbres sexologues américains, conseillent aux couples de s'asseoir, en s'appuyant sur des coussins, la femme étant entre les jambes de l'homme et s'appuyant sur lui. Elle commence à stimuler ses parties intimes avec la main puis lui substitue celle de son partenaire. Elle pose sa propre main sur la sienne, afin de pouvoir diriger le mouvement, la rapidité et l'intensité de la pression des doigts. De cette façon, l'homme peut voir et sentir le type de stimulation que la femme apprécie.

Je me suis toujours masturbée pour m'aider à m'endormir. Aujourd'hui, je vis avec mon ami et j'ai du mal à trouver le sommeil si nous ne faisons pas l'amour. Malheureusement, mon ami m'a vu l'autre nuit en train de me masturber. Il est furieux et me dit qu'il devrait me suffire. Je l'aime et je voudrais qu'il comprenne. Comment faire ?

Essayez d'expliquer à votre ami vos habitudes de sommeil. Dites-lui que vous avez toujours utilisé la masturbation pour vous endormir et que cela n'a rien à voir avec ses talents sexuels et ne signifie pas que vous êtes insatisfaite de votre vie sexuelle. Assurez-le de votre amour et dites-lui que vous n'avez pas l'intention de l'obliger à avoir des relations toutes les nuits. Cependant, demandez-lui de vous aider à atteindre l'orgasme chaque soir, sans pour cela faire l'amour ; il peut simplement vous stimuler avec la main ou un vibromasseur. La balle sera ainsi définitivement dans son camp !

atteindre l'orgasme

Que ressent-on pendant un orgasme ?

Certaines femmes décrivent des sensations intenses de bien-être érotique centrées autour du clitoris, d'autres parlent de vagues de plaisir sensuel qui parcourt tout le corps. L'orgasme peut être à la fois une expérience affective et physique. On le décrit comme un pic de la pression sexuelle suivie d'une détente, une contraction ou une tension du clitoris et/ou du vagin, ou simplement comme le soulagement que vous éprouvez à gratter une démangeaison intense. Certaines femmes, mais pas toutes, sentent les contractions musculaires qui se produisent dans le vagin pendant l'orgasme.

Combien de temps doit durer un orgasme ?

Les sexologues qui ont étudié la physiologie de l'orgasme féminin se retrouvent pour affirmer que la plupart des femmes éprouvent des orgasmes durant 15 secondes ou moins. Pendant ce temps, le vagin

se contracte en rythme toutes les 0,8 secondes, avec généralement de 3 à 15 contractions, le temps entre les contractions s'allongeant vers la fin de l'orgasme. Cependant, cette description est extrêmement clinique et de nombreuses femmes diront que les sensations érotiques « avant » et la détente « après » rendent l'orgasme difficile à quantifier.

Comment les femmes atteignent-elles l'orgasme ?

La plupart des femmes ont besoin d'une stimulation directe et constante de la zone autour de clitoris pour atteindre l'orgasme. Cette zone peut être stimulée par un vibromasseur, votre propre main, la main ou la langue de votre ami. Il existe aussi de nombreux autres aides et objets sexuels. Pour jouir pendant l'acte sexuel, la plupart des femmes ont besoin de frotter leur clitoris contre le pénis ou le corps de l'homme.

Comment puis-je éprouver des orgasmes plus intenses ?

En étant sûre d'être assez excitée pour susciter un orgasme. Vous pouvez générer un orgasme plus intense en vous créant des fantasmes, ce qui vous permet aussi d'oublier vos inhibitions et, par contrecoup, de parvenir à sublimer l'orgasme. Vous pouvez aussi émettre des bruits divers ou faire tout ce qui pourra intensifier l'érotisme, comme faire l'amour en face d'un miroir ou revêtir des vêtements aguichants (voir chapitre 5).

Mon amie m'assure qu'elle peut avoir des orgasmes multiples. J'aimerais que cela soit mon cas. Comment y arriver ?

Tout d'abord, il est rare d'éprouver des orgasmes multiples. Si vous n'y arrivez pas, ne vous inquiétez pas. Considérez ce dont vous êtes capable et ne vous arrêtez pas à ce que vous manquez. Le secret des multiples orgasmes est de continuer la stimulation sexuelle après avoir joui. Entraînez-vous avec vos doigts ou un vibromasseur en essayant de vous détendre pour arriver à éprouver les sensations extrêmes de l'orgasme.

Je peux me masturber plusieurs fois de suite, avec un intervalle

précisions

Orgasme vaginal contre orgasme clitoridien

Une théorie ancienne affirme que l'orgasme vaginal (lorsque le pic de plaisir est ressenti comme situé à l'intérieur du vagin) est un orgasme plus profond, plus complet que l'orgasme clitoridien, considéré, lui, comme ponctuel et fugace. Au cours des trente dernières années, les sexologues ont établi que toutes les sortes d'orgasme sont aussi importantes et qu'il en existe de nombreuses variétés. L'orgasme peut être ressenti pratiquement partout. En effet, le clitoris recevrait et transmettrait les sensations dans le reste du corps. En outre, de nombreuses femmes ressentent l'orgasme à la fois dans le clitoris et dans le vagin, ce qui rend totalement caduque l'ancienne théorie.

de repos. Je jouis à chaque fois. Est-ce l'orgasme multiple ?

Si vous vous reposez entre les orgasmes et laissez votre corps se détendre avant de vous stimuler à nouveau, ceci n'est pas un orgasme multiple. Dans le rapport Hite, ce type d'orgasme est appelé orgasme séquentiel. De nombreuses femmes sont capables d'avoir des orgasmes séquentiels, à condition que leur ami et elle-même aient l'énergie et le désir de continuer.

Je ne peux pas supporter que l'on me touche le clitoris après avoir eu un orgasme. Est-ce normal ?

Oui, c'est normal que le clitoris soit hypersensible après l'orgasme. Cette sensation disparaît après un temps plus ou moins long. Si vous espérez avoir encore un orgasme, caressez-vous légèrement jusqu'à ce que vos parties génitales soient moins sensibles. Mais

Qu'est-ce que cela signifie si...

je n'avais aucun mal à jouir quand je faisais l'amour avec mon partenaire précédent mais je n'y arrive pas avec mon ami actuel ?

• Votre ami actuel est un amant moins habile que le précédent et ne sait pas faire les gestes qui vous stimulent.

• Vous vous êtes habituée à une certaine façon de faire l'amour et il vous faut le temps de vous adapter.

• Vous n'accordez pas encore toute votre confiance à votre nouvel ami et vous ne vous laissez pas aller pendant l'amour. Apprenez à parler avec lui avec franchise.

• Vous aimez encore votre am précédent et il vous faut apprendre à l'oublier avant de recommencer une relation sexuelle.

rappelez-vous que peu de femmes peuvent continuer après avoir joui.

Puis-je souffrir physiquement si je suis excitée mais n'atteint pas l'orgasme ?

Non. Vous pouvez ressentir une tension inconfortable, une distension ou une congestion du bassin ou des parties génitales (ou de tout votre corps), dues au flux de sang dans les organes du bassin et les parties génitales quand vous êtes excitée. Si vous n'avez pas éprouvé d'orgasme, cette sensation peut prendre un certain temps pour disparaître, mais elle ne provoque aucun trouble physique. Les réactions affectives sont parfois aussi évidentes que les réactions physiques. Par exemple, si la stimulation est arrêtée juste au moment où vous allez jouir, vous risquez de vous sentir frustrée ou furieuse.

Il me faut une éternité pour jouir, au moins 40 minutes. Mon partenaire est épuisé. Comment puis-je accélérer les choses ?

Il faudrait que vous étudiiez la synchronisation. Je vous suggère de prolonger tous deux les préliminaires et de commencer l'acte sexuel quand vous sentez que vous êtes proches du « point de non-retour ». Cela raccourcira la durée du rapport et sera moins fatigant pour votre ami. Vous pourriez aussi faire usage d'un vibromasseur, si cette sorte de stimulation vous convient. Essayez de le glisser entre vous deux, à l'endroit critique. Il est probable que votre ami l'appréciera aussi !

J'ai beaucoup de mal à me laisser aller quand je fais l'amour avec mon ami. J'arrive à être excitée mais pas à atteindre l'orgasme. Pourquoi ?

Vous vous sentez sans doute complexée devant votre ami. Peut-être votre aspect physique vous inquiète-t-il au moment de l'orgasme, ou bien vous avez peur de perdre le contrôle de

Qu'est-ce que cela signifie si...

je jouis très rapidement ?

Certaines femmes atteignent l'orgasme très rapidement par la masturbation ou par l'acte sexuel, ou les deux. Cela ne pose aucun problème, le rapport sexuel pouvant se poursuivre après l'orgasme de la femme, laquelle peut même éprouver d'autres orgasmes si elle le désire. Les hommes, au contraire, ont besoin d'un temps de repos avant d'avoir une nouvelle érection s'ils viennent d'éjaculer. Atteindre l'orgasme rapidement peut être courant ou occasionnel et ce, pour l'une des raisons suivantes :

• Vous recevez suffisamment de stimulation clitoridienne.
• Les préliminaires sont suffisamment longs, l'amour se traduisant par des mots, des baisers, des caresses, et non seulement par la stimulation génitale.
• Votre environnement ou la situation sont extrêmement érotiques.
• Les hormones, naturelles ou artificielles, vous prédisposent à une jouissance rapide.

vous-même. L'exercice de thérapie sexuelle appelé « parcours sensuel » (voir page 77) peut vous aider. Cet exercice est utile pour toutes sortes de difficultés sexuelles. Vous devez vous toucher et vous masser réciproquement, en échangeant des informations sur les sensations ressenties et, ce qui est plus important, vous ne cherchez pas à atteindre l'orgasme. Très souvent, supprimer la hantise de la performance suffit à résoudre le problème.

J'ai entendu dire qu'il faut être détendue pour atteindre l'orgasme. Mais quand je me relaxe, je ne suis plus excitée. Où est l'erreur ?

Il existe deux types de relaxation, mentale et physique. Il vous faut absolument vous relaxer mentalement pour vous sentir en sécurité avec votre partenaire et lui faire assez confiance pour vous laisser aller et atteindre l'orgasme. Mais, à l'opposé, les muscles doivent être suffisamment contractés pour que l'orgasme se manifeste. Les jambes, l'abdomen ou le corps entier peuvent se tendre à mesure que l'excitation grandit. Ne combattez pas cette tension, elle peut vous aider à atteindre l'orgasme.

Je n'arrive pas à sentir mes orgasmes, mais mon ami m'assure que j'en éprouve. Il dit qu'il voit mon vagin se contracter. Cela peut-il être vrai ?

Oui, c'est possible. Vous êtes peut-être l'une des rares femmes à expérimenter une sorte d'orgasme anesthésié. Personne n'en connaît la raison. Tout se passe comme si l'orgasme avait « peur » et bloquait les sensations. Je suppose que cela est dû à une cause physique, encore inconnue.

Je n'arrive pas à jouir en faisant l'amour, même si mon partenaire fait usage de sa main. Qu'est-ce qui ne va pas ?

Il peut y avoir plusieurs raisons à vos difficultés. Arrivez-vous à jouir quand vous vous masturbez ? Dans le cas contraire, avez-vous essayé un vibromasseur ? Vous avez peut-être besoin d'être stimulée plus rapidement qu'avec la main. Si le vibromasseur marche, essayez-le quand vous faites l'amour avec votre ami. Certaines femmes ont beaucoup de mal à jouir, en raison de leurs inhibitions ou parce que leur taux de testostérone est trop bas. Un petit verre d'alcool peut aider à lever les inhibitions, de même qu'un médicament à base de papavérine. Si le taux de testostérone est trop bas, un gel hormonal (sur ordonnance) peut vous aider (voir page 74).

Je n'ai jamais joui et j'en ai grande envie. Où commencer ?

Apprenez d'abord à vous masturber, à la main ou au vibromasseur (voir page 68). Puis, si vous avez un partenaire, montrez-lui comment vous faire atteindre l'orgasme quand vous faites l'amour.

précisions

Pourquoi il est difficile d'atteindre l'orgasme pendant la pénétration.

Chez la plupart des femmes, les mouvements de va-et-vient de leur partenaire ne suffisent pas à faire atteindre l'orgasme en raison de la position du clitoris par rapport au vagin. Alors que le clitoris se trouve sur la zone supérieure des parties génitales, le vagin est situé dans la zone inférieure, ce qui entraîne une stimulation insuffisante du clitoris pendant la pénétration. À peine 30 % des femmes ressentent régulièrement un orgasme pendant la pénétration. Les 70 % restant ont besoin d'aide et 55 % environ de celles-ci utilisent les doigts ou un vibromasseur. Le vibromasseur offre non seulement l'avantage d'atteindre exactement le clitoris ou la zone qui l'entoure, mais il fonctionne aussi à grande vitesse, ce qui, selon les sexologues, permet à beaucoup de femmes d'atteindre l'orgasme.

précisions

La voie de l'orgasme

Le cycle de la réponse sexuelle est très semblable chez l'homme et chez la femme. Il consiste en trois étapes : désir, excitation et orgasme. Le désir concerne les sensations préliminaires de l'attirance et de l'intérêt. L'excitation devient sexuelle, le vagin se lubrifie, s'allonge, se distend et s'engorge de sang comme le fait le pénis pendant l'érection. Cet afflux de sang fait gonfler les lèvres qui prennent une couleur rouge sombre, et le corps du clitoris devient rigide. Presque tous les muscles du corps se tendent et certaines zones comme les seins et les bouts des seins gonflent à mesure que la tension sexuelle augmente. Au pic de l'excitation, 75 % des femmes éprouvent une rougeur qui s'étend rapidement sur le thorax et les seins. À la fin de l'excitation, le tiers inférieur du vagin se ferme légèrement, en raison de l'afflux de sang, ce qui l'aide à agripper le pénis pendant la pénétration. Le clitoris disparaît presque en se retirant dans les plis de chair gorgés de sang. Pendant l'orgasme, la respiration de la femme est au moins trois fois plus rapide que la normale. Son cœur bat deux fois plus vite que d'habitude et sa pression sanguine augmente d'un tiers. La plupart des muscles du corps sont tendus. L'orgasme commence avec des contractions du tiers extérieur du vagin qui peuvent s'étendre ensuite à l'utérus. Après l'orgasme, le corps revient rapidement à son état normal.

Mon partenaire s'inquiète si je n'ai pas d'orgasme quand nous faisons l'amour. J'ai vraiment l'impression d'avoir tout gâché. Serait-ce mal de simuler ?

Si vous simulez l'orgasme, vous apprenez effectivement à votre partenaire la « mauvaise » façon de vous faire l'amour. S'il croit vous avoir satisfait, il pensera que son approche est excellente et n'aura aucune raison d'en changer. Si, au contraire, il sait qu'il vous faut une autre sorte de stimulation, il changera de tactique (espérons-le). Cependant, votre partenaire doit aussi comprendre que vous n'avez peut-être pas toujours besoin d'atteindre l'orgasme pour être heureuse. Il doit apprendre à accepter ce fait et ne plus vous culpabiliser. Si vous avez l'impression qu'il se sent frustré quand vous n'avez pas d'orgasme, expliquez-lui qu'à certains moments de votre cycle menstruel, il est normal que vous n'ayez pas de désir sexuel (voir page 76). Dites-lui que votre absence d'orgasme n'a rien à voir avec lui et tout à voir avec votre chimie hormonale. Mais évitez de simuler, cela pourrait conduire à d'autres problèmes.

J'ai pris l'habitude de simuler l'orgasme. Je sais que cela est stupide mais je n'arrive pas à m'arrêter. Comment puis-je faire cesser cette habitude instinctive ?

Vous craignez probablement que votre ami ne vous rejette si vous n'éprouvez pas d'orgasme (examinez cette crainte avec attention, si votre partenaire vous rejetait pour cette raison, ce n'est pas le bon numéro). Améliorer votre relation signifie inévitablement prendre un risque. Essayez de vous masturber avec les doigts. Si cela « marche », demandez à votre partenaire d'ajouter

précisions

Gel à la testostérone

Les études de sexologie ont montré que la testostérone est l'hormone responsable de la réponse du désir, de l'excitation et de la sensibilité sexuels, chez les hommes comme chez les femmes. Pour des raisons purement accidentelles, certaines femmes sont nées avec des réserves importantes de cette hormone (et sont pour cela des « bêtes de sexe »), une large majorité en possède un taux moyen, d'autres en sont très peu pourvues et n'éprouvent pas d'attirance sexuelle. Les femmes du dernier groupe seront aidées par la prise de testostérone. L'hormone est aujourd'hui disponible sous forme de gel à frotter sur la peau, l'hormone passant alors directement dans le flux sanguin, court-circuitant le foie.
La testostérone donne, entre autres, une énergie nouvelle et des sensations plus érotiques, surtout dans les parties génitales.

une stimulation manuelle à vos ébats amoureux. S'il vous en demande la raison, dites-lui que vous savez que cela vous procurera un plaisir supplémentaire. Vous pourriez aussi essayer de vous stimuler avec vos propres doigts pendant la pénétration. Dites à votre partenaire que, depuis peu, vous éprouvez moins de plaisir et que vous voulez améliorer les choses. Chez la petite proportion de femmes qui trouvent extrêmement difficile de jouir, le gel à la testostérone peut accomplir des miracles.
Si vous envisagez une nouvelle relation dans l'avenir, faites de votre mieux pour être franche, dès le début, quant à vos besoins sexuels et à vos réponses.

désir sexuel

Certains jours, mon désir sexuel est beaucoup plus intense que d'autres. Comment pourrais-je éprouver continuellement ce désir intense ?

Impossible ! Votre désir est en partie conditionné par l'évolution du taux d'hormones qui gouverne le cycle menstruel. Bien que chacune soit différente, beaucoup de femmes éprouvent un pic de leur désir sexuel à l'époque de l'ovulation (si votre cycle est de 28 jours, votre ovulation se produit généralement le 14e jour). Au cours des quelques jours avant vos règles et (ou) pendant vos règles vous pouvez aussi constater un pic du désir sexuel.

Comment puis-je déterminer les jours où mon désir est le plus fort ?

Tenez un journal de votre cycle menstruel et marquez les jours où vous avez particulièrement envie de faire l'amour :

• Prenez le premier jour de vos règles comme le jour 1 de votre mois menstruel. Commencez à raconter vos humeurs et votre vie sexuelle à partir de ce jour.

• Marquez dans votre journal quand vous vous masturbez, prenez l'initiative avec votre partenaire, fantasmez ou rêvez de sexe, faites l'amour de façon particulièrement érotique ou avec un orgasme surpuissant, ou même juste quand vous vous sentez désirable.

• Tenez ce journal pendant trois mois et comparez chaque mois. Déterminez les jours où vous éprouvez régulièrement du désir et ceux où vous préférez lire un bon livre !

• Utilisez ces informations pour réserver les « bons » moments pour le sexe ou même planifier une nuit ou un week-end avec votre partenaire.

Est-ce normal de vouloir faire l'amour tous les jours ?

Les pulsions sexuelles sont différentes pour chacun. Certaines femmes veulent faire l'amour plusieurs fois par jour et d'autres se contentent d'une fois par mois ou même de rien du tout. L'important est de trouver un schéma sexuel adapté à vos besoins, sans comparer aux autres. Le désir est déterminé par de nombreux facteurs. Les hormones jouent un grand rôle dans la libido, mais aussi le mental et les sentiments. Par exemple, si vous commencez une nouvelle relation très intense, vous pouvez vous sentir souvent comme « chargée à bloc » de désir. Si, au contraire, vous avez des problèmes relationnels, vos pulsions sexuelles seront sans doute moins fortes.

Je ne trouve plus aucun intérêt au sexe et je ne sais pas pourquoi. J'aime faire l'amour et faire jouir mon ami, mais je n'éprouve moi-même aucun orgasme. Est-il normal que ma libido soit si basse ?

Je pense que vous avez si souvent approché de l'orgasme sans arriver à l'atteindre que votre sexualité a décidé de faire grève en refoulant tout senti-ment sexuel. Un sexologue vous don-nerait sans doute à pratiquer chez vous une série d'exercices appelés parcours sensuel (voir encadré à droite). L'idée est que les couples redécouvrent leurs réponses sensuelles et sexuelles à travers des exercices de toucher, pendant lesquels ils ne sont pas autorisés à atteindre un orgasme avant la dernière étape. La hantise de la performance est ainsi supprimée chez les deux partenaires, qui peuvent alors apprécier l'expérience sensuelle et tactile de base du sexe. Si, cependant, vous êtes satisfaite de votre vie sexuelle, vous n'avez pas à vous inquiéter.

précisions

Parcours sensuel

Ces exercices de sexothérapie peuvent s'appliquer à tous les problèmes sexuels, mais ils sont particulièrement utiles pour une libido défaillante.

• Commencez par confirmer que vous n'aurez pas de rapport sexuel. Déshabillez-vous, massez-vous et touchez-vous l'un après l'autre (les parties sexuelles étant exclues). Demandez à votre partenaire de vous décrire les sensations qu'il aime. Quand c'est à votre tour de recevoir un massage, couchez-vous sur le dos et concentrez-vous sur les sensations éprouvées selon la façon de caresser. Indiquez à votre partenaire les en-droits particulièrement sensibles ou au contraire désagréables. Recommencez cet exercice jusqu'à ce que vous ayez pris assez d'assurance pour vous toucher mutuellement de façon réellement sensuelle.

• Après deux semaines, vous pouvez commencer à vous caresser les parties intimes, mais évitez encore l'orgasme et le rapport sexuel. Continuez à décrire vos sensations. Peu à peu, accordez plus d'importance à vos parties génitales, puis ne massez plus que celles-ci. Vous devriez sentir le désir se développer sans avoir la pression de l'acte sexuel.

• L'étape finale est le rapport sexuel. Essayez d'intégrer votre connaissance du massage génital sensuel à l'acte lui-même. Ne soyez pas anxieuse d'avoir un orgasme, mais contentez-vous de vous concentrer ponctuel-lement sur l'expérience sensuelle du sexe. Pour finir, provoquez l'orgasme avec diverses positions sexuelles et un massage génital.

stimulation de l'homme

Quelle est la meilleure façon de masturber mon partenaire ? Je voudrais lui faire éprouver une expérience sexuelle dont il se rappellera.

Commencez par trouver la meilleure façon de le toucher. Pour cela, suivez la méthode suivante : asseyez-vous derrière lui de façon à ce qu'il soit entre vos jambes en s'appuyant contre vous (s'il est trop grand pour cela, asseyez-vous ou étendez-vous côte à côte sur le lit). Mettez votre main autour de son pénis et demandez-lui de placer la sienne sur la vôtre. Dites-lui que vous êtes une étudiante en sexologie et qu'il doit vous enseigner les meilleures techniques de stimulation. En faisant un jeu de la situation, vous vous amuserez à apprendre la sorte de massage, la pression et la vitesse à adopter et l'emplacement exact qu'il préfère. Il sera ravi de vous montrer. Quand vous pensez avoir appris tout ce que vous devez savoir, vous pouvez ajouter votre propre touche, en caressant ses testicules avec votre autre main bien lubrifiée, ou en le stimulant avec des aides sexuelles.

Mon nouvel ami est circoncis et je ne sais pas comment toucher son pénis. Que dois-je faire ?

Que votre partenaire soit circoncis ou non, la règle est la même : trouvez comment il aime être masturbé (essayez le jeu de la question précédente) et suivez exactement ce schéma de base. Votre partenaire n'ayant pas de prépuce qui glisse d'avant en arrière sur l'extrémité de son pénis, vous trouverez peut-être plus facile d'enduire vos mains de lubrifiant avant de le masturber, pour produire une sensation plus veloutée.

J'ai essayé l'excitation buccale sur mon ami, mais je n'ai pas l'impression d'avoir la bonne technique. Pouvez-vous m'aider ?

Vous n'avez pas besoin d'attendre que votre ami ait une érection avant de commencer. Prenez son pénis dans votre bouche pendant qu'il est encore mou et faites un mouvement de succion et de déglutition partielles. Ce double mouvement provoque une pression particulière autour du pénis et, s'il est appliqué de façon rythmée, il provoquera une érection. Quand le pénis est en érection, traitez-le comme un cornet de glace, en le tenant d'une main à la base et en léchant toute sa surface, en passant votre langue de haut en bas sur le corps même de la verge. Puis quand le pénis est couvert de salive, prenez-le entre

vos lèvres et faites glisser peu à peu votre bouche vers le bas puis remontez. Si vous avez une petite bouche et votre ami un gros pénis, couvrez vos dents avec vos lèvres pour éviter de le mordre. Continuez ensuite à faire aller votre bouche de haut en bas de la verge de façon rythmée, ou essayez de le stimuler à la main tout en suçant l'extrémité de son pénis (voir encadré page suivante).

Dois-je garder le pénis de mon partenaire dans la bouche pendant la stimulation buccale ? Je ne suis pas sûre d'en aimer l'idée.

Tant que vous n'aurez pas essayé, vous ne pouvez savoir si vous aimez cela ou non. Vous pouvez demander à votre partenaire de vous dire quand il sera sur

conseils

Techniques de stimulation buccale

Le secret consiste à varier vos caresses pour donner à votre partenaire une série de surprises érotiques.

Pratiquez ces techniques sur votre ami ou essayez d'en inventer de nouvelles.

Coup de langue : tenez le pénis d'une main et passez légèrement la pointe de votre langue sur un côté, sur le gland puis le long de la verge, vers le bas. Utilisez ensuite votre langue comme vous le feriez de l'outil d'un sculpteur, en sculptant littéralement le pénis.

Faites des cercles : déplacez votre bouche de haut en bas de la verge, dans un mouvement rythmé, puis faites tourner votre langue sur le gland. Alternez ces mouvements de façon à ce que le pénis reçoive deux caresses séparées à contretemps.

Lèvres et doigts : mettez le gland dans votre bouche et vos doigts lubrifiés autour de la verge. Déplacez ensuite votre bouche et votre main de haut en bas. Pour une sensation supplémentaire, variez la pression des lèvres et des doigts, n'ayez pas peur de serrer.

Avaler : descendez vos lèvres le plus bas possible sur la verge pour qu'une grande partie du pénis se trouve à l'intérieur de votre bouche. Ne bougez pas la tête mais faites un simple mouvement de succion. Votre partenaire aura l'impression que vous l'avalez.

le point d'éjaculer et vous retirer avant. Ou vous pouvez lui dire d'éjaculer dans votre bouche et laisser le sperme s'en écouler (ou le cracher sur un mouchoir). Vous pouvez aussi avaler le sperme. Il est évident que cette dernière option est purement facultative, tout ce que vous choisirez convient.

Les hommes ont-ils un point G ?

L'équivalent masculin du point G est la prostate, glande de la taille et de la forme d'une grosse noix qui entoure l'urètre et a pour fonction de produire le liquide prostatique qui transporte le sperme. La prostate est située en avant du rectum, au-dessus du plancher périnéal, et on peut l'atteindre par le

rectum. Elle est extrêmement sensible au toucher et un massage peut rapidement déclencher un orgasme.

J'aimerais prendre l'initiative pour une fois. Comment dois-je procéder ?

Préparez votre plan à l'avance. Vous pouvez annoncer à votre partenaire que vous allez lui faire un massage sexuel. Frottez alors tout son corps avec une huile parfumée et caressez-le. Touchez le pourtour de ses parties génitales en caressant « accidentellement » son pénis. Essayez de vous mettre sur lui et d'avoir un rapport dans la position « femme dessus ». Vous pouvez aussi vous nicher contre le corps de votre partenaire, style « cuillère », votre dos contre son ventre

de façon à appuyer sur ses parties génitales. Vous pouvez l'aider à avoir une érection en mettant votre main sur son pénis et en le caressant. Une autre approche est de monter sur votre partenaire et de glisser le long de son corps jusqu'à ce que votre tête soit à hauteur de ses parties intimes. Donnez-lui alors une excitation buccale. Ce trio utile fait partie des « routines préliminaires ».

Comment puis-je maintenir mon partenaire au bord de l'orgasme le plus longtemps possible ?

Essayez de commencer par lui faire un massage exceptionnel. Excitez chaque partie de son corps en le touchant et le caressant, et ce n'est que lorsqu'il vous

suppliera de faire l'amour que vous monterez sur lui. Éveillez plusieurs fois son désir avec une excitation buccale ou un massage génital en arrêtant quand vous pensez qu'il est tout près de l'orgasme. Il existe aussi quantité de jeux sexuels qui le maintiendront au bord de l'orgasme (voir pages 116 à 127).

Comment puis-je faire un merveilleux massage sensuel à mon partenaire ?

Le massage peut être un merveilleux prélude au sexe. Comme il est très facile de mélanger les instructions de massage, vous devez procéder lentement et vous en tenir à un ou deux mouvements de base, et vous verrez que vos mains sauront très vite la marche à suivre.

• Choisissez une huile de massage parfumée et chauffez-la en mettant la bouteille sur un radiateur avant de commencer (ou frottez simplement l'huile entre les paumes). N'oubliez pas de laver ensuite la verge avant d'utiliser un préservatif (les produits à base d'huile peuvent endommager le latex).

• Commencez par de simples caresses en cercles : placez les deux mains sur votre partenaire, paumes vers le bas et déplacez-les en formant des cercles opposés. Allez de la colonne vertébrale vers l'extérieur, et de haut en bas puis en remontant. Déplacez toujours vos mains très lentement et n'ayez pas peur de répéter les mouvements.

• Pour transformer un massage routinier en expérience sensuelle, le secret est d'appliquer une pression légère. Alors qu'un massage appuyé peut paraître « médical », un massage léger éveillera les sensations sensuelles et un massage du bout des doigts sera excitant et éro-tique (avec l'ongle, il peut déchaîner votre ami !). Quel que soit le style de votre choix, vous pouvez utiliser le mouvement en cercle de base.

Les faits

Les hommes sont plus fétichistes que les femmes. Bas et chaussures à hauts talons faisant partie des objets fétiches courants, ajoutez-les à vos jeux préliminaires.

Je trouve que mon partenaire éjacule trop vite. Comment puis-je l'aider à se retenir ?

Vous pourriez dire : « J'adore la façon dont nous faisons l'amour. Cela m'ex-cite terriblement, mais j'ai besoin d'un peu plus de temps pour atteindre l'orgasme. » Cela vous permettra d'ex-plorer ensemble les techniques pour prolonger les choses. Vous aurez peut-être envie de lui parler du programme d'exercices pour les hommes qui veulent prolonger leur érection (voir page 40). Vous devez adopter une approche positive et aimante et non critiquer.

Vous pouvez aussi essayer la technique de la compression (voir page 44) sur votre partenaire. Quand il se sent tout près de l'orgasme, compressez entre le pouce et l'index l'extrémité ou la base du pénis. Serrez fort pour blo-quer l'éjaculation. Même si votre partenaire perd partiellement son érection, il sera capable de la retrouver si vous le stimulez.

conseils

Augmenter les sensations pendant l'acte sexuel

Ces positions sexuelles peuvent augmenter les sensations que vous et votre partenaire ressentez pendant la pénétration. Faciles à suivre, ce sont des variantes de la position du mis-sionnaire. Tirez l'un de vos genoux ou les deux vers votre poitrine, en enroulant vos jambes et en les serrant plus ou moins autour de la poitrine de votre partenaire, ou en mettant une ou deux jambes sur ses épaules. Ces variantes changent l'angle de pénétration. Votre partenaire peut également vous pénétrer plus profondément dans ces positions.

le sexe à l'âge mûr

La ménopause va-t-elle changer ma vie sexuelle ?

Les symptômes physiques et affectifs de la ménopause peuvent avoir un impact sur les relations sexuelles. Certains changements, comme l'atrophie et la sécheresse vaginales, les problèmes de vessie, la nécessité urgente d'uriner et les sensations de brûlure en urinant, peuvent rendre l'acte sexuel inconfortable. D'autres symptômes de la ménopause, comme les changements d'humeur, l'irritabilité et la dépression, sont psychologiques et peuvent signifier que vous n'êtes pas d'humeur à faire l'amour. Les symptômes physiques généraux, comme les bouffées de chaleur, les sueurs nocturnes et les insomnies, peuvent aussi faire baisser la libido. Tous ces changements seront atténués par un traitement hormonal substitutif (THS).

J'ai entendu dire que certaines femmes arrêtent d'avoir des relations sexuelles à la ménopause. Est-ce vrai ?

On peut constater dans cette attitude l'influence d'un préjugé qui veut que le sexe soit réservé aux femmes jeunes et fertiles. Il est vrai que, pour certaines femmes, la baisse du taux d'hormones sexuelles, testostérone en particulier, entraîne une baisse de la libido, mais la plupart des femmes sont en fait beaucoup plus affectées par un manque de confiance en elles que par la perte de leurs hormones. Le meilleur remède est le maintien de la vie sexuelle, par les relations intimes et la masturbation. Si vous avez un partenaire, prenez le temps d'approfondir votre relation, une relation forte et positive pouvant être d'un grand secours pendant et après la ménopause. Un THS (avec ou non de la testostérone) peut également aider à reprendre une vie sexuelle satisfaisante.

conseils

Changer de routine sexuelle

Si, à l'âge mûr, votre vie sexuelle vous ennuie et ne comble guère vos désirs, ces suggestions peuvent vous aider à rompre la routine habituelle. Il est cependant une règle d'or : ne répétez pas sans cesse le même programme, vous établiriez simplement une nouvelle routine. Essayez toujours de surprendre !

- Si vous avez l'habitude de dormir du même côté du lit, changez de côté.
- Allez vous coucher plus tôt que d'habitude, en invitant votre partenaire à en faire autant (sans même mentionner le sexe).
- Si vous portez une chemise de nuit pour dormir, enlevez-la.
- Si vous dormez nue, achetez-vous une chemise de nuit sexy.
- S'il porte un pyjama ennuyeux, achetez-lui une liquette en soie.
- S'il prend généralement l'initiative, soyez la première à le caresser innocemment.
- S'il offre invariablement les mêmes préliminaires, bouleversez son schéma par de nouvelles caresses.

- Faites l'amour dans une pièce différente.
- S'il ne s'étend pas sur vous, étendez-vous sur lui.
- Faites exactement l'opposé de tout ce qui constitue votre routine.

Mon vagin va-t-il rétrécir après la ménopause ?

Le vagin peut devenir plus sec et plus petit, mais en plusieurs années, les glandes surrénales continuant à produire des hormones sexuelles même après que les ovaires ont cessé leur fonction. De plus, si vous avez des relations régulières, il est peu probable que la taille de votre vagin change. Le THS, ou une crème aux œstrogènes appliquée sur le vagin peut empêcher les tissus vaginaux de rétrécir et de sécher.

La ménopause va-t-elle m'empêcher d'avoir des orgasmes ?

En aucune façon. Vous pourrez encore éprouver des orgasmes, mais ils seront peut-être moins rapides à se déclencher et la sensation sera moins forte. Vous pouvez compenser par de longs préliminaires et une stimulation génitale. Si vous avez des difficultés à atteindre l'orgasme, un THS et la testostérone peuvent faire des merveilles.

J'ai 50 ans et je n'ai jamais eu d'orgasme. Est-ce trop tard ?

Certainement pas, beaucoup de femmes de votre âge jouissent pour la première fois en apprenant les techniques de masturbation (voir page 68). Un vibro-masseur peut être particulièrement utile.

Est-il vrai que la vie sexuelle de la femme peut s'améliorer après la ménopause ?

Le sexe peut devenir plus érotique parce que vous n'avez plus à vous soucier d'une grossesse éventuelle (si vos règles ont disparu depuis au moins deux ans). Beaucoup de femmes plus âgées se sont débarrassées de leurs inhibitions et savent exactement quelle sorte de stimulation il leur faut pour éprouver un orgasme. De plus, vous avez plus de temps et d'intimité. Ces changements peuvent avoir un effet positif sur votre vie sexuelle.

J'ai 45 ans et mon mari m'ennuie au lit. Comment puis-je le faire changer de routine ?

Vous pouvez commencer par changer vous-même, ainsi que votre approche du sexe, ce qui pourrait également transformer votre mari. Parlez-lui de vos intentions et soyez aussi amicale et enjouée que possible. Par exemple, s'il est dans les affaires, dites-lui que vous allez lui « faire subir un audit » ou une « révision générale » pour améliorer vos performances sexuelles. Inspirez-vous des suggestions données dans l'encadré de la page ci-contre.

Comment rester en forme et attirante sexuellement après la ménopause ?

En vous occupant de votre esprit, votre corps et votre mental. Faites de l'exercice tous les jours, marchez, nagez ou travaillez dans le jardin. Mangez beaucoup de fruits et de légumes, surtout des légumes verts, des produits laitiers maigres, riches en calcium. Buvez de l'alcool avec modération (deux verres de vin par jour, mais pas davantage) et, si vous fumez, arrêtez. Exercez votre mental en continuant à travailler. Faites des exercices impliquant le mental ou la vie spirituelle comme le yoga ou suivez des cours de philosophie. Ne négligez pas votre vie sexuelle et essayez de faire l'amour une fois par semaine, sous forme de massage sensuel, stimulation buccale, pénétration ou baisers passionnés.

J'étais une nature aimante, heureuse, et je suis devenue après ma ménopause hargneuse et désagréable. Mon mari a du mal à m'accepter et j'ai peur qu'il me quitte. Il ne me fait plus l'amour que rarement. Comment puis-je me contrôler ?

Cela vous aiderait sûrement d'expliquer à votre mari les changements internes de votre corps. Dites-lui que, tout comme les adolescents, les femmes subissent une tempête hormonale pendant la ménopause. Demandez-lui d'essayer, lorsque vous êtes vraiment impossible, de vous voir comme une adolescente ballottée ici et là par des orages internes. Cela l'aidera peut-être à vous offrir sa sympathie au lieu de vous rejeter.

Vous pouvez aussi vous aider vous-même : dormez suffisamment, prenez des suppléments nutritionnels (voir page 87) et demandez à votre médecin si vous pouvez bénéficier d'un THS. Consulter un psychologue serait utile pour vous permettre d'envisager différemment les situations anciennes. Par-dessus tout, essayez de ne pas perdre le contact (littéralement) avec votre mari. Frottez-lui le dos dans le bain, savonnez-le dans la douche et, au lit, caressez-le sur tout le corps. Si vous n'avez pas fait l'amour depuis plus d'une semaine, essayez de prendre l'initiative, même si vous vous sentez fatiguée. Il est important que vous conserviez une certaine intimité maintenant, parce que votre énergie reviendra bientôt et vous désirerez à nouveau le contact sensuel avec votre mari.

précisions

Changements corporels

Vers 45 ans, vos ovaires fabriquent moins d'œstrogènes et de progestérone, ce qui provoque les divers changements physiques ou affectifs qui conduiront à la ménopause. Cette période, connue sous le nom de préménopause peut donner lieu à des bouffées de chaleur, sueurs nocturnes, insomnies, de l'irritabilité et de la nervosité. En outre, la densité des os commence à diminuer. Il est conseillé de faire une densitométrie vers l'âge de 45 ans, pour que votre médecin puisse établir une comparaison plus tard, à 50 ou 55 ans et déterminer les risques d'ostéoporose. La plupart des femmes ont perdu jusqu'à 5 % de leur densité osseuse à l'arrêt de leurs règles.

À la fin de la quarantaine ou vers la cinquantaine, vous ferez l'expérience de la ménopause avec vos dernières règles (vous ne le saurez que rétrospectivement), qui marque la fin de votre fertilité. Certaines hormones, comme la testostérone (hormone qui conditionne le désir) continuent à être produites par les surrénales mais cette production décline assez rapidement entraînant une baisse de la libido. La bonne nouvelle est que tous les inconvénients associés à la ménopause peuvent être évités par l'usage judicieux du THS (qui peut aussi inclure la testostérone pour conserver votre libido).

J'ai le même partenaire depuis plus de 20 ans, mais j'ai l'impression qu'il s'éloigne de moi. J'ai remarqué qu'il commence à flirter avec des femmes plus jeunes. Notre relation est-elle en train de se terminer ?

Si votre partenaire flirte avec des jeunes femmes, c'est qu'il sent probablement son âge et veut se persuader qu'il peut encore plaire (vos assurances sur ce sujet ne lui suffisent sans doute pas). Dites-vous que ce comportement est courant à l'âge mûr. En vieillissant, les hommes (et les femmes) ne sont plus si sûrs d'eux et les changements sont une façon de se redonner confiance. Saisissez cette occasion de redéfinir la qualité de votre vie et de votre relation. Êtes-vous heureuse de votre routine ou serait-il bénéfique de déménager, changer de travail ou de voisinage ? Commencez quelque chose que vous n'avez jamais encore réussi à mener à bien. Persuadez votre partenaire de faire ces changements avec vous et essayez d'envisager mutuellement un nouveau projet. Cela pourrait faire revivre votre relation.

Les femmes de plus de 40 ans peuvent-elles avoir un ami plus jeune ?

Biologiquement, oui. C'est entre 35 ans et le début de la quarantaine que les femmes éprouvent les orgasmes les plus intenses et des orgasmes multiples. Elles se sentent également plus à l'aise avec leur sexualité. Les hommes, au contraire, atteignent leur pic sexuel entre 18 et 22 ans et sont capables d'avoir plusieurs orgasmes par jour, avec des petites périodes de repos. Ce sont souvent des amants vigoureux, athlétiques. Les inconvénients des relations entre une femme plus âgée et un jeune homme sont généralement d'ordre affectif, l'un des partenaires ayant tendance à faire

preuve d'un sentiment de puissance malsain qui rend l'autre vulnérable. En dehors de cela, l'âge ne compte pas dans une relation amoureuse.

À 49 ans, je me retrouve célibataire et souffre de ne pas avoir d'homme dans ma vie. Je suis encore très attirante, mais les hommes de mon âge préfèrent les femmes plus jeunes. En restant réaliste, quelles sont mes chances ?

En restant réaliste, environ les mêmes qu'avant (étant donné que le nombre de partenaires potentiels que nous rencontrons à n'importe quelle époque de la vie est relativement petit). Si vous avez de l'énergie, si vous êtes amusante et si vous possédez un réel intérêt pour le sexe, les chances de trouver un nouveau partenaire sont excellentes. Une femme mûre m'a dit un jour qu'avec du rouge à lèvres rouge vif, la capacité de flirter et de la fantaisie au lit, elle trouvait tous les amants qu'elle désirait. Cependant, en attendant de rencontrer un partenaire potentiel, contentez-vous de lier des amitiés avec toutes sortes de gens. Les amis sont irremplaçables, surtout pendant les périodes de changement.

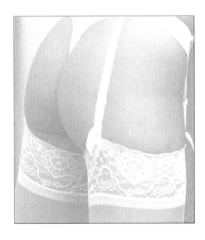

THS pour les femmes

Qu'est ce que le traitement hormonal de substitution ?

Le traitement hormonal de substitution (THS) consiste à remplacer les hormones, œstrogène et progestérone, que les ovaires cessent de produire à la ménopause. Les œstrogènes permettent d'atténuer toutes sortes de symptômes de la ménopause, en particulier les bouffées de chaleur, la dépression, la fatigue et un malaise général. Il existe plusieurs types d'œstrogènes qui agissent de différentes façons sur le corps, certains étant mieux adaptés à un cas donné. De plus, le dosage peut varier d'une femme à l'autre. Un bon médecin encouragera ses patientes à essayer différents types et dosages d'œstrogènes afin de trouver la combinaison adéquate. La progestérone fait partie du THS, parce qu'elle protège contre le cancer de l'utérus.

Les faits

Tout en supprimant les symptômes de la ménopause, le THS peut préserver la forme du corps. La taille et les hanches gardent leurs courbures au lieu de s'empâter.

À quel moment de sa vie une femme doit-elle commencer un THS ?

Les opinions diffèrent. Beaucoup de femmes commencent un THS à la ménopause, parce que les hormones supplémentaires facilitent le passage d'un état à l'autre. Cependant, nous savons aujourd'hui que lorsque les règles cessent, la femme aura déjà perdu 5 % de sa densité osseuse, à cause du déclin des œstrogènes. En conséquence, certains spécialistes pensent que les femmes devraient

commencer un THS environ trois ou quatre ans avant la ménopause. Ainsi, bien qu'il soit impossible de prédire la fin des règles, un THS commencé vers 46 ans peut être bénéfique (l'âge moyen de la ménopause est autour de 50 ans).

Toutes les femmes doivent-elles prendre un THS ?

On estime que 85 % des femmes éprouvent un ou plus des symptômes de la ménopause et nombreuses sont celles qu'un THS soulage. Les 15 % restant qui ne souffrent d'aucun symptôme tireront quand même avantage d'un THS qui les protégera de l'ostéoporose, maladie dégénérative responsable de la perte de densité osseuse. Cependant, certains problèmes de santé, comme le cancer du sein, interdisent tout THS.

Quels sont les effets du THS sur la vie sexuelle ?

Les œstrogènes apportent une sensation de bonne santé, d'énergie et de bien-être, et empêchent la sécheresse du vagin. Cependant, les œstrogènes n'agissent pas sur le désir et ne peuvent restaurer une libido défaillante. Le traitement hormonal dont vous avez besoin est à base de testostérone à faible dose.

Quels sont les effets réels de la testostérone sur la vie sexuelle ?

Non seulement elle restaure la libido défaillante, mais elle augmente votre sensibilité génitale et les sensations de l'orgasme. Elle semble également développer l'imagination sexuelle et renforce la vigueur physique. La testostérone peut être prescrite en

précisions

Nouveaux traitements hormonaux

Les suppléments de déhydroepiandrostérone (DHEA) et de mélatonine forment un traitement hormonal relativement nouveau qui peut être utile à la ménopause. Comme l'explique le docteur Michael Perring, spécialiste des hormones, la DHEA, produite par les glandes surrénales, est le précurseur de la testostérone chez les hommes et de la progestérone et des œstrogènes chez les femmes. Sans DHEA, les autres hormones ne peuvent fonctionner correctement. Au cours d'essais cliniques, des patients avec un taux de DHEA

insuffisant reçurent des suppléments et purent constater un renouveau d'énergie, de bien-être, une meilleure mémoire et une meilleure résistance aux infections. La mélatonine est une hormone sécrétée dans le cerveau par l'épiphyse et responsable du sommeil. Le sommeil étant essentiel à la santé, on pense que les suppléments de mélatonine peuvent améliorer les performances. Cependant, on ne sait encore si la prise de mélatonine sur de longues périodes est inoffensive et les recherches sont actuellement en cours.

même temps que les œstrogènes et la progestérone. Elle se présente sous forme de gel à frotter sur la peau et existe aussi en implant.

Je ne suis pas sûre de vouloir prendre un THS. Existe-t-il d'autres traitements naturels ?

Vous pouvez éviter bien des transformations dues à l'âge en supprimant simplement l'alcool et en arrêtant de fumer (les fumeuses ont une ménopause plus précoce d'un ou deux ans par rapport aux non-fumeuses). De l'exercice régulier, comme la marche ou l'aérobic low-impact, associé à un régime riche en phyto-œstrogènes, paraît encourager ou maintenir la production d'hormones dans le corps et permet d'éviter le gain de poids. Les phyto-œstrogènes sont contenus dans des aliments comme le tofu, le miso, les légumes secs, l'alfalfa, le fenouil et le céleri. Les aliments riches en calcium sont également indispensables. Les produits à base de lait écrémé, légumes verts à feuilles, pois cassés et haricots secs maintiendront la santé de vos os. Huile d'onagre, bore et magnésium sont des suppléments diététiques antioxydants très utiles. Consultez un diététicien ou un naturopathe.

Le traitement hormonal est-il réservé à la ménopause ?

La dépression postnatale ou le syndrome prémenstruel sévère (SP) sont également parfois soignés avec des hormones. Les femmes qui ont subi une ablation des ovaires avant l'âge de la ménopause devraient se renseigner sur le THS, car l'ablation des ovaires provoque une ménopause précoce. Enfin, en dehors de la ménopause, certaines femmes peuvent recevoir de la testostérone pour restaurer leur libido.

sexe et vieillissement

Est-il vrai que le sexe et la masturbation gardent la jeunesse de mes organes sexuels même si je vieillis ?

Faire l'amour avec un partenaire qui éjacule régulièrement dans votre vagin permet sans doute à ce dernier de garder sa forme juvénile et son humidité. Ceci est probablement dû à la testostérone contenue dans le sperme. Les femmes qui n'ont plus de rapports réguliers s'aperçoivent que leur vagin rétrécit et devient sec. La masturbation aide sans doute aussi le vagin à rester jeune.

Comment avoir des aventures sexuelles à l'âge mûr ?

Comme lorsque vous étiez jeune ! Fréquentez les endroits où vous pourriez rencontrer des hommes susceptibles de vous trouver désirable. Soyez ouverte et franche et servez-vous de l'assurance que confère l'âge pour demander ce que vous voulez. Essayez de surfer sur certains sites d'Internet. Internet peut également être une occasion de rencontres, mais soyez néanmoins consciente des dangers potentiels des relations internautes (voir pages 28 et 29). Vous pourriez vous inscrire à une école de danse. Vous trouverez des adresses dans les magazines ou sur Internet, beaucoup sont faites pour les gens d'un certain âge. Comme toujours, soyez consciente du risque potentiel des relations avec des personnes que vous ne connaissez pas.

À 68 ans, je me masturbe régulièrement. Pourtant mon médecin a été surpris que je veuille encore faire l'amour. Suis-je anormale ?

Bien sûr que non. Vous avez découvert, en fait, que les connaissances en sexologie des médecins laissent à

désirer et qu'ils ont autant de préjugés sur l'âge que toute autre personne. Rassurez-vous avec cet exemple de petite annonce féminine trouvée dans un magazine : « Femme, 67 ans, encore sexuellement active, recherche... » Vous êtes loin d'être la seule !

J'ai toujours été très attirée par le sexe, mais je réalise aujourd'hui, à 65 ans, que je n'ai plus autant envie de faire l'amour. M'arrivera-t-il un jour de ne plus en avoir envie du tout ?

Quand l'âge ralentit votre corps, vous constatez que vous avez de moins en moins d'énergie et que votre libido commence à décliner. Cependant, les femmes qui étaient très attirées par le sexe le resteront probablement. À condition d'avoir un partenaire aimant et intéressé, il n'y a aucune raison de ne pas continuer à faire l'amour jusqu'à la fin de votre vie. Dans les relations sexuelles de longue date, l'habitude et l'ennui sont le seul problème. C'est pourquoi il est essentiel de toujours apporter de la variété dans votre vie sexuelle (voir chapitre 5).

À 60 ans, je pourrais parfaitement me passer maintenant d'une vie sexuelle active. Cela pose-t-il un problème ?

Aucun, si vous êtes seule actuellement. Si vous préférez le célibat, considérez votre choix comme positif et partagé par d'autres femmes. Ce choix devient plus compliqué, cependant, si vous êtes engagée dans une relation. Si votre partenaire ne veut pas se contenter d'une relation non sexuelle, il sera sage de chercher un compromis, comme la masturbation mutuelle ou le massage sensuel, pour remplacer le rapport sexuel. Outre la détente physique qui suit l'orgasme, le sexe remplit d'autres fonctions importantes, comme de donner à votre partenaire le sentiment d'être aimé et indispensable. Trouvez d'autres moyens de lui montrer vos sentiments.

J'ai 57 ans et j'ai l'impression d'avoir de plus en plus de mal à atteindre l'orgasme ; lorsque j'y parviens, il est moins intense. Pourquoi ?

Cela est probablement dû à plusieurs facteurs. La baisse du taux de testostérone entraîne une baisse de la sensibilité sexuelle. Il vous faut donc plus de temps pour être excitée et plus de temps pour atteindre l'orgasme, qui sera moins intense. La baisse des œstrogènes cause également une sécheresse du vagin (et de la peau). Un traitement hormonal (THS) comprenant de la testostérone peut vous aider à retrouver des orgasmes plus intenses et un vagin plus souple.

Existe-t-il un équivalent féminin du sildenafil (Viagra) ?

Les fabricants du Viagra, le « remède de l'impuissance » des hommes, essayent de trouver une pilule équivalente pour les femmes. La réponse sexuelle des femmes est identique à celle des hommes, les parties génitales se remplissant de sang et le corps du clitoris étant en érection. On ne sait pas encore si l'augmentation du flux de sang vers les parties génitales améliore les capacités sexuelles des femmes, comme c'est le cas pour les hommes. Mais l'on sait que le vieillissement diminue en partie les sensations sexuelles, chez les hommes comme chez les femmes.

Les faits

La baisse du taux d'œstrogènes causant après la ménopause l'amincissement et la sécheresse des parties génitales, vous devez laver ces dernières au savon doux et à l'eau. Une crème à la vitamine E peut combattre la sécheresse et les irritations.

étude d'un cas

« L'intimité sexuelle me manque désespérément. »

Irène, 63 ans

J'ai été mariée 35 ans à Marc et nous avons toujours fait l'amour. Mais depuis deux ou trois ans, Marc a baissé. Je sais qu'il a plus de mal à avoir une érection et il lui faut certainement plus de temps pour atteindre l'orgasme, mais aujourd'hui il semble avoir abandonné la lutte. Mes amis me disent que je devrais en être reconnaissante, mais l'intimité sexuelle me manque désespérément. Il est rare que Marc me touche maintenant, et cela contraste tellement avec autrefois. Dois-je m'accommoder de la situation ou puis-je y remédier ?

Marc 67 ans

J'ai toujours su que les hommes perdent leurs capacités sexuelles avec l'âge et voilà que cela m'arrive. C'est dommage, parce que je suis toujours attiré par Irène. Mais j'ai bientôt 70 ans et nous avons eu une vie sexuelle enrichissante.

Commentaire :

« *Je conseillai tout d'abord à Marc de faire un bilan de santé complet pour connaître l'état de ses fonctions hormonales et attendre les résultats pour agir. Marc souffrait en fait d'une forme atténuée de diabète qui devient assez courante avec l'âge, chez les deux sexes. Parmi d'autres inconvénients, le diabète peut rendre l'érection difficile. Un régime sérieux associé à des médicaments réussit à contrôler le diabète, et Marc commença à retrouver son énergie. Cependant, il avait toujours des problèmes d'érection. Le médecin prescrivit alors du Viagra et conseilla à Marc et Irène d'essayer un programme de massages mutuels. Marc n'aimait pas particulièrement le médicament parce qu'il ne sentait guère de différence entre avant et après l'orgasme. Mais l'association Viagra/massage réussit à redonner une vie sexuelle au couple. Irène était ravie d'avoir retrouvé leur intimité perdue et quand Marc s'arrêta de prendre du Viagra tout en continuant à faire l'amour, ils acceptèrent tous deux que l'érection de Marc soit légèrement insuffisante. Irène fit même de cet inconvénient un défi positif.* »

Quelles sont les maladies de la vieillesse qui peuvent affecter ma vie sexuelle ?

Les maladies suivantes peuvent avoir un impact sur votre vie sexuelle, mais vous pouvez trouver vous-mêmes la façon de surmonter les difficultés.

• L'arthrite touche les articulations et peut affecter la mobilité et le confort pendant l'amour. Bains chauds et médicaments antidouleur seront bénéfiques. Vous apprécierez sans doute la position de la cuillère, couchée sur le côté et votre partenaire vous pénétrant par derrière.

• Les cardiaques ont souvent peur que le sexe entraîne une crise. Cela est très rare, surtout chez les couples vivant depuis longtemps ensemble. Les chercheurs japonais affirment que les décès dus à une crise cardiaque pendant l'amour surviennent plus souvent dans les relations extra-maritales, probablement en raison de l'excès de stress.

• Le diabète mal contrôlé peut provoquer des mycoses du vagin et de la vulve. Son effet sur le sexe est surtout visible chez l'homme (risque d'impuissance).

• Certains problèmes gynécologiques, comme le prolapsus utérin et le cancer de l'utérus, deviennent plus communs chez les femmes âgées. Le prolapsus utérin peut empêcher la pénétration parce que le col de l'utérus commence à descendre dans le vagin. Un saignement vaginal après un rapport (ou tout autre saignement inhabituel) peut être l'un des signes avertisseurs du cancer de l'utérus. Dans ce cas, consultez aussitôt.

J'ai eu une crise cardiaque il y a un an. Je me sens tout à fait bien aujourd'hui, mais toute activité physique me terrifie, y compris l'activité amoureuse. Mon partenaire commence à en avoir assez. Que puis-je faire ?

Faites un test en montant au moins 20 marches à allure modérée. Si vous respirez normalement quand vous atteignez la dernière, vous êtes en forme pour faire l'amour (en fait, cet exercice est beaucoup plus fatigant que l'acte sexuel). Pour atténuer votre anxiété, recommencez doucement votre vie sexuelle, en demandant à votre partenaire d'utiliser les positions « femme dessus » ou l'excitation buccale. Si l'ascension des marches vous essouffle, demandez à votre médecin de vous indiquer un programme d'exercices qui vous permettront de retrouver votre énergie. Marche ou natation seront bénéfiques. Interrogez votre médecin sur les recommandations spécifiques au sexe, mais il est probable qu'il vous donnera le feu vert.

conseils

Améliorer la vie et l'intimité sexuelles à l'âge mûr

Certains problèmes sexuels et affectifs deviennent plus courants à l'âge mûr, dont le manque de lubrification vaginale, l'allongement du temps nécessaire à l'excitation et la dégradation de l'intimité unissant les partenaires. Les conseils suivants pourront aider :

• Améliorez la lubrification vaginale à l'aide de lubrifiants de bonne qualité, sous forme de gel ou d'ovules. Certains produits ont des applicateurs spécialement étudiés.

• Améliorez les sensations ressenties en passant beaucoup plus de temps à la stimulation mutuelle et aux préliminaires.

• Améliorez la stimulation érotique en vous plongeant dans un film X. Les bons films érotiques permettent souvent d'accélérer le processus du désir et deviennent une aide sexuelle véritable. La littérature érotique peut agir de même. Vous pouvez aussi utiliser des objets érotiques et surfer sur les sites d'Internet.

• Améliorez les réponses physiques de votre corps. Envisagez un traitement hormonal ou de la testostérone.

• Prenez rendez-vous pour une soirée amoureuse et faites-vous mutuellement un massage sensuel.

• Faites des câlins, des caresses et embrassez-vous plusieurs fois par jour.

• Dites souvent « Je t'aime » à l'autre.

• Dites à l'autre combien il (elle) est désirable, beau (belle), élégant(e). Prenez soin de votre apparence.

• Soyez romantique. Tenez-vous la main quand vous vous promenez ou quand vous regardez un film ensemble.

• Embrassez-vous sur la bouche.

Mon mari ne veut plus faire l'amour. Il dit qu'il n'a plus d'érection. Cela fait-il partie du processus naturel de vieillissement ou y a-t-il un autre problème ?

Il est possible qu'il existe une cause physique au manque de libido de votre mari. Certains médicaments, comme ceux qui traitent la dépression ou l'hypertension, peuvent provoquer des problèmes sexuels, de même que des maladies comme le diabète, l'hypertension et l'athérosclérose (épaississement des artères). Le traitement chirurgical ou médicamenteux du cancer de la prostate peut aussi aboutir à des problèmes sexuels. Votre mari devrait faire un bilan médical, ou demander à son médecin les effets de ses médicaments sur la vie sexuelle.

précisions

Hystérectomie et vie sexuelle

Beaucoup de femmes âgées ont dû subir une hystérectomie, l'une des opérations gynécologiques parmi les plus courantes en Occident, après l'épisiotomie. L'opération consiste à retirer l'utérus et parfois le col, les trompes de Fallope et les ovaires. Certaines femmes ont subi une hystérectomie pour traiter des problèmes menstruels comme l'endométriose. L'hystérectomie est parfois pratiquée chez les femmes âgées, en cas de prolapsus utérin ou de cancer. Beaucoup de femmes ont peur de l'impact causé par l'hystérectomie sur la vie sexuelle. Même si votre libido disparaît après l'opération, pendant que vos tissus internes cicatrisent, vous devriez rapidement retrouver votre désir et votre sensibilité sexuels. Pratiquer les exercices de Kegel (voir page 67) est un bon moyen de tonifier les muscles vaginaux et d'augmenter le plaisir sexuel après une hystérectomie. Si le col de l'utérus est enlevé, vous remarquerez sans doute une perte des sensations pendant l'acte sexuel. Si cela vous ennuie, essayez de compenser en vous concentrant sur le clitoris et le point G (voir page 66).

i tal**ents** m es
intimes

Certaines femmes disent spontanément « Je t'aime » ou montrent leur amour avec un baiser ou un câlin. D'autres préfèrent attendre de connaître réellement leur partenaire, affectivement et sexuellement

Après avoir fait l'amour :

☐ **A** Vous vous blottissez contre votre partenaire et restez ainsi toute la nuit ?

☐ **B** Vous donnez un baiser et vous vous endormez ?

☐ **C** Vous vous tournez et vous endormez ?

Pensez-vous que l'excitation buccale est :

☐ **A** Une partie importante et habituelle de l'amour ?

☐ **B** Quelque chose que vous faites à l'occasion ?

☐ **C** Un épisode très rare de votre vie sexuelle ?

Quand vous marchez dans la rue avec votre partenaire :

☐ **A** Vous voulez tout le temps lui tenir la main ?

☐ **B** Vous lui tenez la main de temps en temps, selon votre humeur ?

☐ **C** Vous ne lui tenez jamais la main, ça ne vous plaît pas ?

Quand votre partenaire vous interroge sur vos ex-amis :

☐ **A** Cela vous plaît de lui donner tous les détails ?

☐ **B** Vous voulez bien parler de certains aspects de vos anciennes relations ?

☐ **C** Vous refusez d'en parler, c'est du passé ?

Avant l'acte sexuel, prenez-vous le temps de vous caresser mutuellement ?

☐ **A** Oui, cela fait partie de vos jeux amoureux.

☐ **B** Parfois, cela dépend de votre humeur.

☐ **C** Un peu, mais vous préférez aller droit à l'acte.

Vous venez de sortir de la douche et votre partenaire entre dans la salle de bains :

☐ **A** Vous lui demandez de vous sécher et, aguichante, vous lui offrez une serviette ?

☐ **B** Vous vous essuyez pendant qu'il prend sa douche ?

☐ **C** Vous lui demandez de vous laisser jusqu'à ce que vous ayez fini ?

Votre partenaire est dans le bain :

☐ **A** Vous vous déshabillez et sautez le rejoindre ?

☐ **B** Vous lui proposez de lui laver le dos ?

☐ **C** Vous attendez qu'il ait fini ?

Vous voulez essayer une nouvelle position sexuelle :

A Vous la suggérez aussitôt à votre partenaire ?

B Vous attendez d'être au lit pour en parler ?

C Vous essaierez de l'entraîner la prochaine fois ?

Votre partenaire porte de nouveaux vêtements que vous trouvez très sexy :

A Vous lui dites qu'il est fantastique ainsi ?

B Vous lui dites que ces vêtements lui vont bien ?

C Vous ne dites rien, il sait bien qu'il est élégant ?

Vous pensez tomber amoureuse de votre nouveau partenaire :

A Vous lui dites ?

B Vous attendez qu'il dise qu'il vous aime pour lui renvoyer la balle ?

C Vous pensez que vous n'avez pas besoin d'en parler ?

Votre partenaire est stressé après une longue journée au bureau :

A Vous lui dites d'enlever ses vêtements et vous lui faites un long massage relaxant ?

B Vous parlez avec lui de sa journée ?

C Vous lui dites de s'asseoir et lui faites un thé ?

Une nuit parfaite chez vous, avec votre partenaire :

A Une longue conversation tout en dînant suivie d'une nuit d'amour déchaînée ?

B Vous louez un film romantique et vous nichez contre lui sur le canapé ?

C Vous regardez la télé, en mangeant une pizza avant de vous effondrer dans le lit ?

Vous êtes invitée à un mariage l'année prochaine :

A Toute excitée, vous demandez à votre partenaire de vous accompagner ?

B Vous en parlez à votre partenaire et attendez de voir ce qu'il en dit ?

C Vous n'en parlez pas, vous ne serez peut-être plus ensemble l'année prochaine ?

Vous pensez que votre partenaire est malheureux :

A Vous l'emmenez dîner au restaurant et essayez de le faire parler ?

B Vous lui demandez quel est le problème, en espérant que ce n'est pas vous ?

C Vous avez peur que ce soit vous mais ne dites rien, et espérez qu'il résoudra le problème ?

RÉPONSES

A majoritaires. Vous vous sentez bien dans votre peau, physiquement et affecti- vement et cela vous permet de vous lier facilement. Vous êtes généreuse et capable de vous ouvrir à un partenaire, en sachant que votre relation est saine. L'intimité peut donner des relations solides, équilibrées, mais attention à ne pas trop donner, trop vite, à un nouveau partenaire. Votre nature aimante et votre naïveté affective pourrait vous procurer quelques déboires avec le mauvais numéro.

B majoritaires. Vous aimez l'intimité et elle est importante dans votre relation, mais vous hésitez à ouvrir votre cœur de peur d'être blessée. Essayez de prendre de l'assurance et soyez plus détendue. Prenez plus souvent l'initiative et dites ce que vous pensez. Essayez de vous exprimer à travers le sexe, après tout c'est l'un des grands langages de l'intimité.

C majoritaires. Vous avez besoin de croire en votre relation pour ouvrir votre cœur. Votre réserve vient probablement de précédents échecs amoureux ou d'un manque d'affection dans votre enfance. Considérez votre présente relation et demandez-vous si c'est la bonne. Si c'est le cas, vous devez maîtriser vos inhibitions et travailler à vous rapprocher de votre partenaire. Il a besoin de se sentir aimé. Prenez le risque de révéler vos sentiments.

et célibat

Être célibataire est au XXIᵉ siècle un choix positif, suivi par des hommes et femmes de plus en plus nombreux. Être célibataire peut signifier des aventures sans lendemain, avoir un(e) ami(e), rechercher une relation à long terme, ou même bannir toutes relations sexuelles.

vivre seul

J'adore vivre seule, mais est-ce normal de rester sans relation aussi longtemps ?

Les statistiques montrent que beaucoup de gens préfèrent vivre seuls. En Grande-Bretagne, un foyer sur six est celui d'un célibataire et le chiffre augmente. Célibataire ne signifie pas forcément chasteté, mais bel et bien avoir du temps et de l'espace à accorder à son travail, ses amis et à d'autres aspects de la vie. Appréciez votre état à sa juste valeur et considérez votre mode de vie comme un luxe.

Je ne veux pas avoir de relations en ce moment, mais le sexe me manque. Que faire ?

La solution évidente à la frustration sexuelle est la masturbation. Cela dit, une autre option est la simple aventure (voir pages 96-97). Soyez claire sur votre motivation, cependant. Les aventures peuvent parfois offrir un moyen d'éviter l'intimité si vous avez eu des déboires.

Si vous n'êtes pas encore guérie d'une rupture, il vaut peut-être mieux prendre du recul par rapport au sexe, jusqu'à la guérison complète.

Quelle est la fréquence de la masturbation chez les célibataires ? J'ai peur de me masturber trop souvent.

Si vous êtes jeune avec de fortes pulsions sexuelles, il est normal de vous masturber une fois par jour et même

plus. La masturbation ne devient un problème que si elle est machinale et vous empêche de faire autre chose. Dans les années 70, le mannequin new-yorkais Viva voulut déterminer combien d'orgasmes elle pouvait avoir. Au bout de deux jours, elle s'aperçut qu'il lui était impossible de continuer : son corps en avait tout simplement assez.

Célibataire, comment puis-je me sentir moins seule ?

Restez active et prenez soin de vous, physiquement et affectivement. Trouvez une forme d'exercice qui vous plaise, sport d'équipe ou cours de yoga s'adressant davantage au mental (l'exercice est un excellent antidépresseur). Entretenez les relations avec vos amis, votre famille et vos collègues. Saisissez toutes les occasions de faire de nouvelles connaissances. N'attendez pas que l'on vous invite, mais prenez l'initiative. Et exprimez votre créativité dans votre travail ou vos loisirs.

aventures sans lendemain

Comment puis-je savoir si l'autre cherche une aventure ?

Vous pouvez évidemment lui demander ! Il n'est pas toujours facile de savoir si quelqu'un est intéressé dans une relation purement sexuelle, les messages reçus étant souvent peu clairs. Les règles générales exposées dans l'encadré de la page ci-contre peuvent vous aider.

Quelle est la meilleure façon de flirter ?

Posez des questions personnelles, montrez un intérêt réel, écoutez ce qu'on vous dit sans interrompre et regardez la personne qui vous parle. Nous aimons tous recevoir des marques d'intérêt et la plupart des gens réagissent chaleureusement. Une bonne méthode pour encourager un interlocuteur à se dévoiler est de parler de vous-même, ce qui crée une atmosphère d'échanges mutuels. N'hésitez pas à employer l'humour et la plaisanterie, le rire est un grand aphrodisiaque.

Comment puis-je montrer à mon interlocuteur que je le trouve vraiment désirable ?

Si vous êtes réellement attiré, cela se verra dans vos yeux. Votre pupille se dilate naturellement et la personne qui vous regarde le sentira instinctivement. En conséquence, n'ayez pas peur de laisser votre regard s'attarder. Vous pouvez aussi exprimer vos sentiments à travers d'autres aspects du langage du corps. Essayez le sourire, les hochements de tête, de vous tenir tout près de l'autre, de vous pencher en avant et de toucher son bras ou son épaule. Votre langage corporel doit être ouvert et amical, essayez de ne pas croiser les bras ou les jambes ou de vous détourner.

Dois-je toujours avoir des préservatifs sur moi, juste au cas où ?

Il est tout à fait raisonnable d'anticiper l'éventualité d'un rapport sexuel en gardant des préservatifs sur vous, ce qui ne veut pas dire que vous êtes obligé de les utiliser. Si vous avez cette habitude, n'oubliez pas de vérifier régulièrement la date de préemption.

Je dors mal dans le lit de quelqu'un que je ne connais pas très bien. Est-il incorrect de retourner chez moi aussitôt après avoir fait l'amour ?

Partir juste après l'amour peut en effet paraître assez cavalier. Une partie du plaisir vient de l'intimité qui suit l'orgasme. N'oubliez pas aussi que votre partenaire peut se sentir utilisé(e) ou rejeté(e) si vous êtes si pressé(e) de partir. Établissez un compromis en restant quelque temps après l'amour, peut-être jusqu'à ce que votre partenaire se soit endormi(e). Expliquez-lui que vous ne resterez pas toute la nuit. Dites-lui que vous avez du mal à vous détendre dans un environnement différent du vôtre et que cela n'a rien à voir avec lui (ou elle).

Je peux avoir un orgasme en quelques minutes quand je fais l'amour avec un complet inconnu. Mais quand je suis engagée dans une relation, il m'est impossible de jouir. Qu'est-ce qui ne va pas ?

Il est possible que l'intimité créée par une relation vous stresse et vous gêne. Le sexe avec des inconnus, d'un autre côté, vous dégage de toute responsabilité, d'obligation affective et d'engagement. Je pense qu'il s'agit là d'un problème affectif qui pourrait être résolu par une sexothérapie.

Depuis mon divorce, j'ai enfin découvert ma sexualité grâce à des aventures sans lendemain. Et pourtant je me sens très solitaire. Pourquoi ?

Bien que les aventures vous aient permis de découvrir des aspects négligés de votre sexualité, elles n'ont pu satisfaire votre besoin d'intimité et de partage. Écoutez ce que vous disent vos sentiments, il semble qu'il serait temps d'entamer une relation plus durable où vous pourriez vous exprimer à la fois sexuellement et affectivement.

conseils

Aventures

Il est important de parler sans complexe avec la (le) partenaire d'une nuit, afin de savoir mutuellement ce que vous attendez de l'autre.

• Donnez du temps à l'autre. Commencez lentement et si elle (il) ne répond pas à vos avances, arrêtez-vous et attendez.

• Essayez de cerner sa personnalité. Posez des questions pour voir ce que vous pouvez découvrir, mais n'extrapolez pas.

• Si vous êtes déjà intime avec quelqu'un, demandez-lui à chaque étape de vos ébats si elle (il) apprécie, avant d'aller plus loin.

• Méfiez-vous des partenaires qui sont sous l'influence de l'alcool. Le consentement obtenu en état d'ébriété est légalement contestable.

Quelles précautions dois-je prendre quand il s'agit d'une simple aventure ?

Essayez d'observer ces règles générales :

• Utilisez toujours un préservatif. Pincez l'extrémité et déroulez-le sur toute la hauteur de la verge.

• Faites régulièrement des bilans chez votre urologue/gynécologue.

• Évitez de faire l'amour si vous êtes ivre.

• Sachez dire non si vous changez d'avis.

• Apprenez à interroger votre partenaire sur son histoire sexuelle, en lui demandant entre autres de quand date son dernier test pour le sida.

• Rappelez-vous que le sexe ne conduit pas toujours à la pénétration. Suggérez la masturbation mutuelle.

• Si vous allez chez votre partenaire, assurez-vous que quelqu'un sait où vous vous trouvez, surtout si vous êtes une femme.

recommencer

Je viens récemment de mettre fin à une liaison de longue date et je me demande combien de temps dois-je raisonnablement attendre avant de chercher un nouvel ami ?

Une rupture entraîne des réactions différentes selon les individus. Certaines personnes veulent savoir si elles sont encore désirables et partent aussitôt à la recherche de nouveaux partenaires. Paradoxalement, si une aventure vient les rassurer sur leur pouvoir de séduction, elles peuvent alors continuer sans problème leur vie de célibataire. D'autres se sentent tellement brisées qu'elles n'imaginent même pas sortir avec un autre. D'autres encore aimeraient une relation nouvelle comme moyen de guérison, mais elles trouvent difficile d'être attirées par qui que ce soit. Il faut parfois plus de deux ans pour surmonter la perte d'une relation profonde. Si vous vous sentez très perturbée, il serait sage d'attendre. Il vaut mieux ne pas vous fixer de date précise. Voyez comment vous vous sentez et laissez parler votre instinct. Parfois, une attraction spontanée envers un inconnu peut indiquer les premiers pas vers la guérison.

Je suis prête à reprendre une liaison, mais où puis-je rencontrer un partenaire durable ?

Diverses études démontrent que la plupart des relations sont des relations de proximité, ce qui signifie que vos chances de rencontrer un partenaire sont plus fortes dans votre voisinage immédiat, à votre travail, au lycée ou à l'université, chez des amis, à des fêtes, en vacances ou même à l'église. Cependant, si vous n'avez pas le temps de rencontrer des gens ou si la plupart des personnes de votre connaissance sont déjà en couple, vous pouvez vous adresser à des agences matrimoniales ou à des clubs Internet. Les agences essayent de mettre en rapport des gens de même âge, même milieu, mêmes intérêts. Nombre d'entre elles organisent des soirées ou des activités qui évitent le côté formel du tête-à-tête.

Il y a plus d'un an, j'ai connu une rupture difficile avec mon ami. Aujourd'hui, je pense que je suis prête pour une nouvelle

Qu'est-ce que cela signifie si...

je compare sans cesse mes amis potentiels à mon ex-partenaire ?

Quand vous êtes enfin guérie de la rupture d'une liaison, surtout si elle est récente, il est inévitable que vous fassiez des comparaisons entre les nouveaux partenaires et l'ancien. Mais si ces comparaisons vous empêchent d'aller plus loin, cela peut signifier l'une ou l'autre de ces possibilités :

• Vous n'avez pas encore fait votre deuil de votre ex-ami et vous avez besoin de plus de temps avant de commencer une nouvelle relation.

• Vous avez l'impression de ne pas avoir mis les choses au clair avec votre ex-ami. Vous devriez en parler, avec lui ou un conseiller conjugal.

• Votre rupture reste omniprésente et vos sentiments vis-à-vis de votre ex-ami deviennent obsessionnels, demandez conseil à un psychologue.

• Vos nouvelles connaissances n'arrivent pas à la cheville de votre ex-ami.

• Vous n'êtes pas très réaliste dans votre quête d'un nouveau partenaire.

relation, mais je n'ai pas très confiance en moi. Comment pourrais-je prendre de l'assurance ?

La confiance en soi est au plus bas après une rupture et cela peut prendre un certain temps avant qu'elle revienne. Essayez de pratiquer l'exercice du « oui/non ». Pendant une semaine, essayez de dire « oui » à trois choses que vous voulez vraiment faire, et « non » à trois choses que vous ne voulez pas faire. Cela peut être simplement dire « oui » à une barre de chocolat parce que vous en avez envie, ou « non » à la même barre de chocolat parce que vous voulez supprimer le sucre de votre régime. Ou, avec une répercussion plus importante sur votre vie, dire « non » à une invitation qui vous ennuie et « oui » pour entamer une conversation avec un homme qui vous attire. Cet exercice très simple peut vous transformer.

Je vais sortir pour la première fois après la rupture d'une longue liaison. Quand dois-je avoir une relation sexuelle ? Dès le premier rendez-vous ?

Certaines personnes à forte libido ont assez d'assurance pour faire l'amour dès la première rencontre, mais ce n'est pas toujours le cas. Se rencontrer plusieurs fois pour mieux se connaître, découvrir des intérêts communs et développer une attirance sexuelle mutuelle, constitue un bon point de départ. Si vous donnez du temps au sexe, il peut s'épanouir en une merveilleuse relation. Si vous vous précipitez, votre relation risque de mal se terminer. De plus, votre partenaire peut s'imaginer que vous êtes plus intéressée par le sexe que par une relation durable. Cependant, vous pouvez surmonter ce problème en l'évoquant avec franchise.

premières rencontres

Les premiers rendez-vous sont toujours très angoissants. Y a-t-il un moyen de les rendre plus faciles ?

Si possible, essayez d'abord de vous rencontrer dans le contexte d'un groupe. Si cela est difficile, rendez-vous à un événement spécifique, concert ou rencontre sportive. Vous aurez ainsi un sujet de conversation, ce qui est moins stressant que d'avoir à parler uniquement de soi-même. Il est aussi parfois plus facile de se rencontrer pour un déjeuner que pour un dîner. Si une relation sexuelle se précise dès le premier rendez-vous, essayez de suivre votre instinct. Si vous vous sentez à l'aise, acceptez. Sinon, dites « Je ne suis pas encore prêt(e) », ce qui laisse la voie ouverte pour l'avenir.

Quelle est l'importance du physique et des vêtements pour un premier rendez-vous ?

Les attributs physiques ne devraient pas compter, mais en réalité ils font toujours un certain effet sur les partenaires potentiels. La beauté n'est pas un critère (la plupart des gens préfèrent des traits réguliers), mais vous devez avoir un aspect agréable, engageant, propre et soigné. L'assurance est séduisante chez un partenaire potentiel et si des vêtements neufs et une coupe de cheveux seyante peuvent vous donner de l'assurance, cela vaut la peine de leur accorder temps et argent. Faites attention aussi à votre langage corporel. Si vous avez des attitudes négatives ou défensives, comme de détourner

les yeux quand vous parlez à quelqu'un, votre interlocuteur pourra se croire rejeté. Si vous vous tenez bien en face, bras ouvert, vous donnerez une impression de franchise chaleureuse.

Je suis agacé par toutes les manières que font les gens qui se rencontrent à un premier rendez-vous. Pourquoi ne pas être direct et franc ?

La franchise vous convient peut-être, mais le problème réside souvent chez les autres. Si vous rencontrez quelqu'un qui ne possède aucune assurance et aucune expérience de la vie pour affronter votre attitude directe, vous risquez de paraître trop rude, sans subtilité et même intimidant. Cependant,

quelqu'un d'aussi expérimenté que vous peut apprécier votre franchise. Si vous désirez une relation amoureuse (opposée à une relation sexuelle), n'oubliez pas qu'un peu de mystère est nécessaire pour laisser libre cours à l'imagination, et essayez de ne pas faire fuir tout romantisme en étant trop direct. Abordez votre partenaire avec précaution et raffinez votre approche.

J'ai 25 ans et je déteste attendre que le téléphone sonne pour avoir un rendez-vous. Est-ce montrer trop d'audace que d'appeler un homme dès le lendemain si je veux le revoir ?

Beaucoup d'hommes sont ravis de partager avec les femmes la responsabilité des rendez-vous, et une femme qui montre de l'assurance est souvent très appréciée. Le seul ennui, si vous appelez dès le jour suivant, est que certains hommes (ou certaines femmes) peuvent interpréter votre attitude comme par trop provocante. Agissez en fonction de la personnalité de votre parte-

Les faits

Une compagnie de téléphone britannique fit un jour une enquête où elle demandait aux abonnés quelle serait leur attitude envers une femme qui appellerait un homme pour lui donner rendez-vous. Les femmes répondirent qu'elle serait considérée comme provocante. La majorité des hommes affirmèrent, au contraire, qu'il serait merveilleux de recevoir un tel appel et qu'ils souhaiteraient que cela arrive plus souvent.

naire et, si vous avez le moindre doute, attendez quelques jours.

Comment puis-je savoir si la personne que je rencontre m'apprécie vraiment ?

Quand vous rencontrez quelqu'un, il est naturel de chercher à savoir s'il vous apprécie. Les deux personnes en présence ont besoin de se sentir désirables et désirées, mais ni l'une ni l'autre ne

veulent risquer d'être rejetées, et c'est pour cette raison qu'elles évitent les démonstrations d'affection. Cependant, l'instinct devrait vous dire si votre relation est en bonne voie. Des choses simples, comme de bien s'entendre, rire ensemble, se parler, sentir que l'autre, par ses questions, s'intéresse réellement à vous (s'il écoute les réponses), associées à des contacts corporels, des sourires et des regards, sont des signes qui ne trompent pas. Certaines personnes expriment leur appréciation par l'acte sexuel ; c'est pourquoi la relation amoureuse est souvent si intense au début d'une relation.

Quand dois-je dire à l'autre que je l'aime vraiment ?

Dès que vous vous en rendez compte, car c'est une phrase que tout le monde aimerait entendre. Mais vous devez comprendre que ce n'est pas parce que vous aimez quelqu'un qu'il ressentira les mêmes sentiments pour vous. Cela lui demandera peut-être plus de temps.

Je suis toujours très nerveuse quand je dois faire l'amour pour la première fois avec un nouveau partenaire. Comment pourrais-je me détendre ?

Tout d'abord, acceptez les maladresses et la gêne qui existent toujours dans ces circonstances. Les conseils suivants vous aideront :

• Passez beaucoup de temps à faire des câlins et à vous caresser.

• Faire l'amour est un corps à corps et non pas seulement une stimulation génitale.

• Parlez ensemble et gardez votre sens de l'humour si les choses se passent mal.

• Commencez lentement et ne vous croyez pas forcément obligée d'avoir une relation sexuelle parce que vous avez commencé.

conseils

Dire à l'autre que vous ne voulez plus le voir

Même si vous ne vous êtes rencontrés que quelques fois, il peut être difficile pour vous, et douloureux pour l'autre, de lui dire que vous ne voulez plus la (le) voir. Essayez le face-à-face plutôt que le téléphone ou l'oubli pur et simple.

• Soyez ferme et direct sans être cruel.

• Donnez une explication valable.

• Préparez-vous à répéter vos explications plusieurs fois.

• Laissez l'autre exprimer ses sentiments de colère ou de tristesse.

• Donnez à l'autre le temps nécessaire pour comprendre.

• Préparez les réponses à des questions telles que « pouvons-nous encore être amis ? »

• Ne mélangez pas tout en disant « c'est fini » puis en faisant l'amour. Vous ne feriez que donner à l'autre des espoirs insensés.

• Dites que vous avez changé d'avis, sans qu'il y ait faute de la part de l'autre.

étude d'un cas

« Il annule toujours nos rendez-vous à cause de son ex-femme. »

Julie, 28 ans

J'ai récemment commencé à fréquenter quelqu'un qui est séparé, depuis plus de deux ans, de sa femme et ses deux enfants. Il est vraiment formidable, mais il annule sans cesse nos rendez-vous à cause de son ex-femme. Parfois, il me laisse tomber simplement parce qu'elle lui demande de faire quelque chose avec les enfants. Si c'était une urgence, je pourrais comprendre, mais il s'agit généralement de choses sans importance. Jamais il ne me fait passer en premier et je commence à me sentir invisible. Je me demande si nous devrions rester ensemble.

Olivier, 35 ans

Julie n'a pas d'enfants et je ne pense pas qu'elle comprenne combien mes deux enfants me sont précieux. C'est terrible pour moi de ne plus vivre sous le même toit qu'eux. Mon ex-femme le sait et elle en profite souvent pour me faire accourir. Mais jusqu'à ce que mon divorce soit définitif, je pense que je dois en passer par là. Les enfants, et non ma femme, sont ma priorité, et je ne peux pas me permettre de les perdre. J'aime vraiment Julie, nous nous entendons bien, et je crois réellement que nous pourrions bâtir un avenir ensemble. Il faut juste qu'elle soit patiente avec moi, jusqu'à ce que mon divorce soit terminé.

Commentaire :

« *Voici un cas où ni l'un ni l'autre n'ont ce qu'ils désirent. Julie a besoin de se sentir unique et Olivier voudrait quelqu'un qui accepte la deuxième place, actuellement et peut-être dans l'avenir, à cause de ses enfants. Les deux exigences ne paraissent guère compatibles et la relation est encore un peu jeune pour avoir ce genre de problèmes. Cependant, les sentiments d'Olivier pour Julie forment une base solide pour construire un avenir. Si Olivier ne peut respecter ses rendez-vous avec Julie, il doit essayer de répondre à ses désirs par d'autres moyens. Il devrait être aussi plus ferme avec sa femme et pourrait préparer à l'avance des réponses à ses injonctions (en disant, par exemple, « J'aimerais beaucoup venir aider les enfants à faire leurs devoirs, prenons rendez-vous »), au lieu de partir automatiquement les rejoindre. Il pourrait planifier certaines nuits pour ses enfants et consacrer ses week-ends à Julie. En retour, Julie pourrait faire de son mieux pour croire à l'amour d'Olivier, et être aussi patiente que possible.* »

- Si votre partenaire dit : « attendons plus tard », acquiescez.
- Soyez franche à propos de vos propres hésitations, mais ne les présentez pas comme des critiques.
- Si vous vous sentez très gênée ou que vous avez l'impression de jouer un rôle, arrêtez. Cela signifie probablement que vous avez commencé trop tôt le parcours sexuel.

Je fréquente une femme depuis un certain temps et nous nous entendons vraiment bien. J'aimerais faire l'amour avec elle, mais elle me paraît réticente. Que puis-je faire ?

Les femmes hésitent souvent à faire l'amour avec un nouveau partenaire parce que cela donnerait une nouvelle dimension à leur relation et les rendrait plus vulnérables. Ne précipitez pas les choses. Procédez lentement et essayez ces techniques de relaxation.

- Vérifiez le langage corporel de votre partenaire. Si elle est assise toute droite ou blottie à l'extrémité du canapé par exemple, ne la forcez pas. Câlinez, embrassez et caressez-la jusqu'à ce qu'elle se détende.
- Si elle est encore tendue, faites-lui un massage en lui disant que vous ne cherchez pas à le transformer en acte sexuel mais simplement à lui faire éprouver un plaisir sensuel.
- Allongez-vous tous deux en « cuillère ». Synchronisez votre respiration avec celle de votre partenaire puis, lentement, ralentissez le rythme. Avec un peu de chance, elle adaptera sa respiration à la vôtre et commencera à se détendre.

Je fréquente un homme depuis trois mois environ. Notre entente sexuelle est parfaite mais je ne peux compter sur lui, il m'appelle rarement et

nos rendez-vous sont rares. Que se passe-t-il ?

Toutes sortes de raisons pourraient expliquer la réticence apparente de votre ami. Il est peut-être très occupé, ou il manque d'expérience ou de talents amoureux et ne sait pas quelle attitude adopter dans une relation. À moins qu'il ne veuille qu'une relation sexuelle, sans liens affectifs (peut-être est-il marié ou vit-il avec une partenaire). Trouvez un moyen de lui poser des questions sur sa vie privée et son attitude envers vous. Ne soyez pas critique ou accusatrice, mais essayez d'expliquer que vous seriez intéressée par une relation plus profonde (si c'est le cas) et plus régulière. Vous pourriez ainsi ouvrir la voie à d'autres questions et discussions.

J'ai fréquenté beaucoup de femmes mais sans jamais réussir à atteindre l'orgasme, même si je jouis facilement en me masturbant. Cela m'inquiète car je voudrais me remarier. Comment résoudre ce problème ?

Le célèbre psychologue Alfred Adler affirme que tout comportement a un but, même, ou surtout, les comportements négatifs. Le but de votre manque d'orgasme est peut-être de vous empêcher de vous impliquer, le moyen (littéralement) de vous retirer. Et l'avantage de cette attitude est que personne ne peut vous rejeter. J'imagine que vous pouviez éjaculer quand vous étiez marié ? Il est possible que vous abritiez encore des sentiments de peur, de colère, de rancœur, de perte, de culpabilité ou de tristesse qui retentissent sur votre nouvelle relation et sabotent vos réponses sexuelles. Il vous faudra passer à travers un processus cathartique pour affronter votre passé et vos relations actuelles.

relations nouvelles

À quelle fréquence les couples font-ils l'amour au début d'une nouvelle relation ? Mon amie et moi nous avons fait l'amour onze fois l'autre jour.

Au début d'une nouvelle relation, la passion toute neuve entraîne les amoureux à faire l'amour plusieurs fois par jour, ce qui fait partie du processus d'attachement. Le sexe est un raccourci pour dire « Je te désire et je te veux car je suis follement amoureux ! » Cela dit, avoir des relations sexuelles onze fois dans la journée ne peut guère être considéré comme typique. Peut-être entendez-vous onze orgasmes au cours d'une seule session (possible pour une femme), ou onze séances d'ébats amoureux mais sans orgasme. Il est certainement très difficile à un homme d'éjaculer onze fois en 24 heures, quel que soit son âge.

Le record en ce domaine viendrait d'un couple d'adolescents hongrois qui, pendant leur nuit de noces, aurait fait l'amour seize fois. Vous paraissez préoccupé par la fréquence des rapports sexuels, mais le lien qui vous unit à votre amie vous semblera bientôt plus important que le nombre d'actes.

Mon nouvel ami me semble parfait par de nombreux côtés. Il m'emmène au restaurant, m'offre des fleurs, m'embrasse passionnément, m'adore ouvertement et évoque avec émotion nos futurs ébats amoureux. Malheureusement, il n'a jamais dépassé le stade du baiser et nous n'avons jamais fait l'amour. Je commence à douter de notre relation. Dois-je lui en parler ?

Comme votre ami ne vous donne aucune explication, vous devriez sans hésitation lui en parler, surtout si vous avez déjà essayé de prendre l'initiative sans succès. Les raisons de ses réticences peuvent être nombreuses et variées. Il peut avoir peur des maladies sexuellement transmissibles (MST, voir pages 156-159), en avoir déjà une, ou être impuissant, à moins que ses convictions religieuses lui interdisent les relations sexuelles.

Il peut aussi se garder pour la femme qu'il épousera (pourquoi pas vous ?), peut-être a-t-il peur du sexe psychologiquement ; ou peut-être se joue-t-il de vous. Quelles que soient ses raisons, votre relation a peu de chances de se développer tant que vous n'avez pas discuté franchement du problème.

Ma petite amie est en pleine forme. Elle veut que je la pénètre toujours plus vite, toujours plus fort, ce qui me fait ou jouir ou perdre mon souffle. Je n'ai pas l'habitude de faire l'amour ainsi. Conseillez-moi.

Par nature, le sexe est différent et surprenant dans une nouvelle relation. Mais la vigueur sexuelle ne peut surgir d'un coup. Il vaut mieux dire la vérité à votre amie et lui annoncer votre intention d'améliorer votre forme physique. En même temps, proposez-lui des rapports buccaux, un vibromasseur ou une masturbation mutuelle. Vous pourriez aussi lui dire de s'asseoir sur vous et de faire le travail à votre place, pendant ce temps vous pourriez concentrer votre attention sur votre propre orgasme.

conseils

Présenter ses enfants à un nouveau partenaire

Essayez de présenter votre nouveau partenaire à vos enfants dès que vous êtes sûr(e) que votre relation est stable, ou si votre ami(e) reste toute la nuit et risque de toute façon de les rencontrer. Vous n'avez pas besoin d'aborder la nature sexuelle de votre relation, mais vous devez répondre aux questions que vos enfants pourraient poser. Essayez d'être aussi franc que possible, mais ne donnez que les détails appropriés à l'âge des enfants.

• N'en faites pas un secret. Mentionnez votre nouveau partenaire dans la conversation. Par exemple, « mon nouvel ami Paul m'a dit... »
• Demandez à votre partenaire de venir vous chercher chez vous pour une sortie, afin que les enfants le (la) rencontrent et qu'ils sachent à quoi il (elle) ressemble. Faites les présentations en bonne et due forme, comme pour tout autre ami.
• Ne faites pas de grandes démonstrations amoureuses, au moins tant que votre partenaire ne fait pas partie intégrante de votre vie.
• Prévenez vos enfants si votre nouveau partenaire passe la nuit chez vous (surtout les premières fois). Dites, par exemple, « À propos, ne vous étonnez pas si vous rencontrez Paul demain matin, il reste ici pour la nuit. »
• S'ils vous demandent dans quel lit votre partenaire va coucher, dites franchement « dans mon lit ».

• Insérez votre doigt ou un objet (sans danger) dans son anus.
• Caressez ou pincez ses bouts de sein.
• Fessez légèrement ses fesses.
• Parlez-lui tout bas des fantasmes sexuels qu'il adore.

Procédez par tâtonnements, pour découvrir les procédés qui « marchent » et ceux qui ne marchent pas.

Je commence tout juste une relation avec un vieil ami qui a des problèmes conjugaux. Nous n'avons pas encore couché ensemble, mais quand je l'ai vu nu pour la première fois, j'ai eu un choc, son pénis est minuscule. Ai-je raison de m'inquiéter ?

Les sensations données par un petit pénis sont tout aussi merveilleuses. Un homme sensible et aux doigts agiles peut mener toute femme au septième ciel. Vous devez aussi savoir que les petits pénis deviennent généralement plus longs que les gros pendant l'érection. Attendez d'en avoir fait l'expérience avant d'émettre un avis.

Ma femme est morte depuis des années et j'ai pourtant un problème avec ma nouvelle petite amie. Je la désire vraiment, mais chaque fois que nous commençons à faire l'amour, je pense à ma femme et mon érection disparaît. Que puis-je faire ?

Ce problème est évoqué de temps en temps chez les sexologues et signifie généralement que les choses vont trop vite avec le nouveau partenaire. Vous aviez probablement pris l'habitude d'un certain schéma sexuel avec votre femme et ce schéma ne semble pas convenir à votre amie. Si le problème persiste, je vous conseille d'essayer le parcours

Mon nouvel ami est beaucoup plus jeune que mon ex-mari, et plus athlétique, le sexe dure si longtemps que cela me fait mal. Comment accélérer ?

Une nouvelle relation demande toujours une période de « rodage », les deux partis devant s'habituer l'un à l'autre. Dans votre cas, vous devez synchroniser vos ébats sexuels. Essayez ces techniques utilisées de tout temps par les courtisanes pour faire « perdre la tête » aux hommes.
• Caressez ses testicules.
• Chatouillez son périnée (espace sensible entre testicules et anus).

sensuel (voir page 77), qui vous donnera la possibilité d'explorer mutuellement votre corps sexuellement , sans avoir la pression de l'acte lui-même. Cela vous permettra également d'inventer votre propre vie sexuelle, spécifique à votre couple.

Que faire quand une femme vous compare à un autre ? Ma nouvelle partenaire était mariée avec un type formidable mort l'année dernière. Je crois qu'elle m'aime, mais j'ai du mal à être à la hauteur de son mari qui, apparemment, était fantastique au lit.

Il est important de comprendre que les sentiments qu'éprouve votre partenaire lui sont en grande partie douloureux, sans que cela soit de votre faute. Vos ébats sexuels peuvent très bien lui rappeler l'époque où elle faisait l'amour avec son mari. Lorsque les partenaires précédents ont disparu par suite de décès ou de divorce, il peut être difficile d'établir de nouveaux schémas sexuels. Si vous avez l'habitude de faire l'amour d'une certaine façon depuis des années, avoir à apprendre un nouveau schéma peut donner un choc. Si votre amie vous en veut vraiment d'être moins habile que son mari, rappelez-lui qu'il a pu développer ses talents au cours des années et que vous avez besoin d'un peu de temps. Demandez-lui de vous dire ce qu'elle veut mais n'ayez pas peur de conserver votre propre style sexuel. Je pense qu'il vous faudra traverser quelques moments difficiles d'apprentissage. Votre amie en veut peut-être à son mari d'être mort, et reporte sur vous certaines de ses rancœurs. Si vous vous accrochez, vous avez une bonne chance de créer une relation remarquable , mais ne vous laissez pas écraser. Soyez persévérant et ferme. Et aimant.

Dois-je dire à mon nouvel ami que j'ai des enfants ? J'ai peur que cela le fasse fuir.

Cela dépend de votre désir de voir votre relation progresser. Si vous avez seulement l'intention de vous amuser, il n'est pas indispensable de révéler des détails personnels. Si, au contraire, vous voulez inviter votre ami chez vous et permettre à votre relation de se développer, vous devez être franche dès le départ. En taisant l'existence de vos enfants, vous limitez l'avenir. Non seulement vous empêchez votre ami de vous connaître en vérité, mais il aura aussi un véritable choc si vous changez d'avis et lui dites la vérité dans plusieurs semaines ou plusieurs mois. Par instinct, je serais franche sur ce sujet. Vous n'avez pas à lui annoncer de façon protocolaire, amenez simplement la conversation sur vos enfants.

De savoir que mes enfants sont dans la pièce voisine, même s'ils sont endormis, m'empêche de faire l'amour avec mon nouveau partenaire. Que puis-je faire ?

Si cela est possible, essayez de coucher les enfants dans une autre pièce, éloignée de votre chambre. Sinon, investissez dans une isolation phonique, un verrou ou une baby-sitter qui vous permettra d'aller quelquefois chez votre ami. Vous avez tout autant besoin que vos enfants d'une vie normale.

Mon nouvel ami est séparé et a la garde de ses deux petits garçons. Il a peur que, si je passe une nuit chez lui, ses fils soient perturbés. Si bien que je dois le quitter à deux heures du matin ou, pire, attendre devant la porte à 6 heures,

étude d'un cas

« Notre vie sexuelle se détériora quand j'emménageai avec lui. »

Patricia, 29 ans

Les premiers mois, tout se passa bien entre Michel et moi, nous vivions séparément en nous voyant régulièrement. Mais notre vie sexuelle se détériora quand j'emménageai avec lui. Nous ne faisons l'amour que rarement et je suis réellement perturbée. J'aime Michel, mais je rêve d'intimité physique. Je lui ai proposé de m'en aller, mais il ne veut pas me voir partir maintenant.

Michel, 38 ans

Notre relation fut excellente tant que Patricia et moi habitions séparément. Mais quand elle vint s'installer chez moi, je fus pris par surprise. Je voulais l'avoir avec moi, mais j'avais l'impression d'avoir perdu mon propre espace. Bientôt, le sexe commença à perdre de son intérêt pour moi. Je veux rester avec Patricia, je ne veux pas qu'elle parte. En fait, je ne sais pas comment arranger les choses.

Commentaire :

《 *Malgré leur différend, ce couple semble s'aimer. Leur problème immédiat est leur éloignement vis-à-vis l'un de l'autre (littéralement). Avant tout, ils devraient instaurer des séances de caresses d'au moins 20 minutes sur tout le corps, chacun à son tour (voir parcours sensuel de la page 77), qui leur permettraient de retrouver leur sensualité et peu à peu leur vie sexuelle. Ils doivent aussi prendre le temps de discuter de leur relation. Les points faibles d'une nouvelle relation se révèlent souvent à l'occasion d'un changement, installation ensemble ou même départ en vacances. Michel a besoin de s'apercevoir qu'il conserve encore une certaine indépendance et Patricia de se sentir aimée et rassurée.* 》

pour que les enfants croient que je suis venue prendre le petit-déjeuner ! Dois-je abandonner ?

Non, mais vous pourriez travailler à rendre votre ami si amoureux qu'il ne demanderait pas mieux de vous présenter à ses enfants. Vous pourriez aussi lui expliquer que, même si vous comprenez ses craintes par rapport à ses enfants, vous commencez vous-même à être anxieuse, et que vous ne vous sentez pas à l'aise dans cette situation dont vous ne pouvez accepter qu'elle continue indéfiniment. Donnez à votre relation autant de temps et de patience que vous pourrez et si les choses ne donnent aucun signe de changement, il vaudrait peut-être mieux la remettre en question.

talents
relationnels

Il faut de l'expérience, un certain talent et de l'enthousiasme pour maintenir une relation. Êtes-vous un « partenaire inné » ou un « anti-partenaire », par peur de vous engager et de ne pouvoir vous échapper ?

Quand vous rencontrez un(e) partenaire possible, êtes-vous :

☐ **A** Excité(e), vous ne pouvez attendre pour l'avoir dans votre vie ?

☐ **B** Content(e), ce sera sympa de faire connaissance ?

☐ **C** Content(e) mais inquiet(e) de l'impact sur votre temps libre ?

Avez-vous déjà eu des relations sérieuses et durables ?

☐ **A** Oui, la plupart ont été sérieuses et durables.

☐ **B** Quelques-unes, mais pas beaucoup.

☐ **C** Non, toutes vos relations ont été temporaires.

À quelle fréquence aimez-vous rencontrer votre partenaire :

☐ **A** Aussi souvent que possible ?

☐ **B** Le week-end et deux ou trois fois dans la semaine ?

☐ **C** Deux fois par semaine ou moins ?

Votre relation se prolonge. Pensez-vous que le sexe :

☐ **A** Devient de plus en plus satisfaisant ?

☐ **B** A atteint un palier agréable ?

☐ **C** Pourrait bientôt devenir ennuyeux ?

Vous n'aimez pas vraiment certains amis de votre partenaire :

☐ **A** Vous faites un effort pour les apprécier ?

☐ **B** Vous êtes polis avec eux en espérant ne pas les voir trop souvent ?

☐ **C** Vous évitez les occasions de rencontre ?

Vous devez sortir dîner avec des amis, mais votre partenaire téléphone pour vous dire qu'il (elle) doit vraiment vous voir :

☐ **A** Vous annulez le dîner et sortez avec votre partenaire ?

☐ **B** Vous l'invitez avec vos amis et lui dites que vous pourrez être seuls après le dîner ?

☐ **C** Vous lui dites que c'est impossible ce soir et prenez rendez-vous pour plus tard ?

Vous vivez une relation depuis deux ans et un nouveau collègue de travail vous attire :

☐ **A** Vous appréciez mais vous ne changez rien ?

☐ **B** Vous flirtez un peu, mais sans penser à mal ?

☐ **C** Vous flirtez outrageusement et espérez qu'il (elle) vous propose le placard du couloir ?

Quand vous avez des problèmes extérieurs à votre relation :

☐ **A** Vous en discutez avec votre partenaire ?

☐ **B** Vous les mentionnez à votre partenaire, mais vous vous débrouillez tout(e) seul(e) ?

☐ **C** Vous résolvez les problèmes et n'en parlez pas à votre partenaire ?

Vous aimez beaucoup votre partenaire, mais vous avez du mal à communiquer :

☐ **A** Vous réservez un soir pour parler de vos problèmes et trouver une solution ?

☐ **B** Vous n'y pensez plus en espérant que cela s'arrange ?

☐ **C** C'est le signe que vous n'êtes pas faits l'un pour l'autre ?

Votre partenaire veut que vous alliez dîner régulièrement chez ses parents. Êtes-vous :

☐ **A** Enchanté(e) ?

☐ **B** Content(e), mais cela ne doit pas être trop souvent ?

☐ **C** Inquiète, vous n'aimez pas ce genre d'habitude ?

Votre partenaire est parti(e) pour deux semaines :

☐ **A** Vous guettez téléphone, courrier, e-mails ?

☐ **B** Vous vous réjouissez à l'idée de son retour ?

☐ **C** Vous profitez de votre liberté ?

Votre relation se développe, vous :

☐ **A** Devenez de plus en plus intimes ?

☐ **B** Devenez plus proches, mais sans plus ?

☐ **C** Pensez que vous ne vous connaissez pas vraiment ?

Quand vous faites des plans pour l'avenir, vous :

☐ **A** Les partagez avec votre partenaire ?

☐ **B** Envisagez diverses possibilités ?

☐ **C** Excluez votre partenaire ?

RÉPONSES

A majoritaires. Vous êtes fait(e) pour des relations durables. Vous n'avez pas peur de vous engager avec votre partenaire et de consacrer du temps et de l'énergie à développer les bases d'une relation durable. Pour vous, une relation doit être accompagnée d'une vie sexuelle enrichissante et variée. Cependant, des problèmes peuvent apparaître si vous sacrifiez complètement votre vie personnelle en faveur de celle de votre partenaire. Si la romance tourne court, il ne vous restera pas grand-chose pour rebondir.

B majoritaires. Vous vous engagez avec franchise et vous considérez de façon positive toute relation à long terme. Avec un petit effort pour mieux communiquer et partager tous les domaines de votre vie avec votre partenaire, votre potentiel pour développer une relation saine et gratifiante est excellent. Cependant, si vous ressentez un besoin d'espace, n'hésitez pas. Pourquoi ne pas épicer votre vie sexuelle et organiser des sorties excitantes à deux pour conserver la jeunesse de votre vie amoureuse ?

C majoritaires. Vous avez besoin de temps et d'espace. Vos relations ont de l'importance pour vous, mais vous avez peur qu'elles grignotent d'autres domaines de votre vie, ce qui vous empêche de vous engager. Protégez votre indépendance, mais ouvrez-vous un peu. Revoyez votre attitude envers le sexe pour éviter qu'il ne devienne routinier et ennuyeux, voyez-le comme un outil utile pour augmenter l'intimité et vous rapprocher de votre partenaire.

pimentert
votre vie sexuelle

Les relations sexuelles les plus réussies sont celles qui entre-tiennent la flamme de la passion. Sortez de votre routine pour essayer des jeux sexuels, partager vos fantasmes, adopter de nouvelles positions et vous amuser avec divers accessoires sexuels.

aphrodisiaques, aides et objets sexuels

Les aphrodisiaques font-ils réellement de l'effet ?

Aucune potion magique n'augmente miraculeusement le désir, l'excitation, l'habileté et les sensations sexuels. Certains aphrodisiaques traditionnels comme la yohimbine ou la cantharide ont un effet sur les parties génitales, mais celui-ci est léger et peut s'accom-pagner d'effets secondaires déplaisants. La yohimbine (tirée de l'écorce d'un arbre africain) n'a qu'un effet minime sur l'excitation et peut provoquer une chute dangereuse de la pression artérielle. La cantharide (obtenue avec le corps séché de la mouche d'Espagne) agit en congestionnant les parties génitales mais, si elle est ingérée, elle peut devenir un poison mortel. L'alcool est parfois utilisé comme aphro-disiaque. Si, à petites doses, il peut lever vos inhibitions et vous permettre de vous laisser aller et d'exprimer ouver-tement vos désirs érotiques, de grandes quantités ont un effet contraire et empêchent les relations sexuelles en

entraînant une impuissance momen-tanée. Les substances pouvant passer pour aphrodisiaques et reconnues par le corps médical sont le sildenafil (Viagra) pour les hommes (voir page 58-59) et la testostérone pour les femmes (voir page 74), tous deux devant être pris sous contrôle médical.

J'ai entendu dire que des substances exotiques, comme le pénis de tigre, la corne de

rhinocéros et la racine de mandragore pouvaient augmenter les performances sexuelles. Est-ce vrai ?

Seulement si vous le croyez, et même alors, pas souvent ! Ces substances ont la réputation d'être aphrodisiaques simplement parce qu'elles ressemblent aux parties génitales humaines (de même que des aliments comme les huîtres, les moules et les figues). Pour certaines cultures asiatiques, mangez le pénis d'un tigre c'est lui prendre sa force. Le rhinocéros, avec sa corne phallique, est associé au même mythe. La mandragore, racine psychotrope très utilisée en sorcellerie et en magie, ressemble vaguement à une figure humaine. Comme la racine de gingem-bre (également réputée aphrodisiaque), la mandragore contient des substances qui peuvent stimuler l'énergie. Mais attention cependant, car la mandragore contient également certains produits chimiques qui peuvent vous rendre malade.

Les parfums peuvent-ils être aphrodisiaques ?

L'odorat reste très personnel chez les hommes et les femmes. Un parfum peut, sur une personne donnée, évoquer des senteurs extrêmement exotiques et attirer l'attention du partenaire, alors que le même parfum, sur une autre personne, n'aura aucun impact. Les femmes seraient plus sensibles aux odeurs que les hommes.

Les crèmes qui prétendent prolonger l'érection sont-elles efficaces ?

Les faits

Nous sécrétons tous notre propre « musc » érotique sous forme de sueur. La sueur contient des phéromones, substance invisible qui déclenche les réponses affectives. Les animaux femelles signalent leur période de chaleurs aux mâles en sécrétant des phéromones.

La plupart de ces crèmes ne sont guère plus que des anesthésiants légers qui émoussent la sensibilité du pénis. Elles ont pour effet de diminuer le désir au lieu de l'augmenter. La firme pharmaceutique qui produit le Viagra travaille sur une crème stimulant la production locale d'oxyde azotique, utilisé par le corps pour déclencher la dilatation des vaisseaux sanguins. Cette crème guérirait 70 % des impuissances et pourrait accroître la sensibilité génitale chez les hommes et les femmes.

Quels sont les meilleurs lubrifiants ?

La gelée KY est inodore, insipide et glissante, mais non collante. TRY est un excellent lubrifiant, destiné aux femmes plus âgées, qui possède la texture même des sécrétions vaginales naturelles. L'un des meilleurs lubrifiants, d'utilisation facile, est la salive, qui offre l'avantage d'avoir votre odeur ou celle de votre partenaire. Vous pouvez aussi acheter des lubrifiants parfumés aux fruits.

Il existe de nombreuses sortes de vibromasseurs. Quels sont les meilleurs pour la stimulation clitoridienne ?

Un vibromasseur à piles classique coûte beaucoup moins cher et fonctionne aussi bien que les modèles plus élaborés, pour stimuler le clitoris. Il existe aussi un vibromasseur mince, de style crayon, spécifiquement étudié pour la stimulation clitoridienne. Une autre possibilité est le vibromasseur japonais géant, relié au courant électrique.

Où puis-je acheter un vibromasseur ?

Vous pouvez acheter un vibromasseur et autres accessoires sexuels directement dans une sex-shop ou par correspondance (voir les publicités au dos des magazines érotiques). Il existe aussi de nombreux sites Internet qui vendent des aides sexuelles.

L'orgasme obtenu avec un vibromasseur est-il différent de celui des relations sexuelles ?

Non, tous les orgasmes sont produits à peu près de la même façon, et concentrés sur le clitoris. Cependant, les orgasmes diffèrent en terme d'expérience subjective. L'orgasme dû à un vibromasseur peut être ressenti comme plus intense et durer plus longtemps qu'un orgasme « normal ». Malgré cette intensité, certaines femmes regrettent l'alchimie de sensations physiques et affectives produites par le corps à corps sexuel.

J'ai entendu dire que certains vibromasseurs sont spécialement étudiés pour stimuler le point G. Comment agissent-ils ?

La zone du point G se trouve sur le tiers antérieur du vagin et si vous exercez une pression ou une vibration constante sur cette zone, vous pourrez peut-être générer un orgasme. En théorie, tout vibromasseur cylindrique convient, mais il existe un vibromasseur spécialement conçu, avec un corps long et mince, légèrement incurvé à l'extrémité. L'extrémité incurvée permet de localiser le point G, sous le bon angle.

J'ai vu un vibromasseur en forme d'œuf. À quoi peut-il servir ?

Cette invention date des années soixante-dix. Un fil électrique relie l'œuf à un boîtier contenant des piles. Quand l'œuf est inséré dans le vagin, vous actionnez l'interrupteur et l'œuf vibre à l'intérieur du vagin. La sensation peut être agréable à l'entrée du vagin, mais si l'œuf est inséré profondément, les vibrations seront peu ressenties.

Mon ami me suggère d'utiliser un stimulateur clitoridien en faisant l'amour. Comment cela fonctionne-t-il ?

Le stimulateur clitoridien est un gadget généralement porté par l'homme à la base du pénis, et destiné à frotter contre le clitoris de sa partenaire pendant l'acte sexuel. Les stimulateurs sont en caoutchouc souple et peuvent être utiles si le pénis n'entre pas en contact avec le clitoris pendant l'acte. Ils ont l'inconvénient de ne pas toujours offrir le degré de pression ou le rythme dont vous avez besoin pour atteindre l'orgasme. Ils n'ont rien à voir avec la sensibilité des doigts ou de la langue, par exemple. Ils ont aussi le défaut, si le clitoris et le stimulateur ne sont pas lubrifiés, d'anesthésier littéralement le clitoris, et de vous empêcher de ressentir quoi que ce soit !

À quoi servent les boules duo ?

Les boules duo sont deux petites boules lestées qui, insérées dans le vagin, roulent l'une contre l'autre en créant diverses sensations quand vous êtes assis ou couché, selon l'angle du corps, et qui sont censées procurer un état permanent d'excitation sexuelle.

conseils

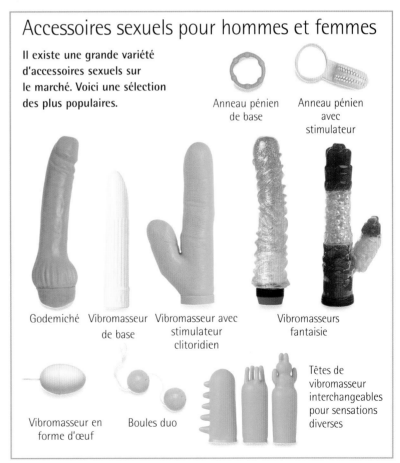

Accessoires sexuels pour hommes et femmes

Il existe une grande variété d'accessoires sexuels sur le marché. Voici une sélection des plus populaires.

Anneau pénien de base

Anneau pénien avec stimulateur

Godemiché

Vibromasseur de base

Vibromasseur avec stimulateur clitoridien

Vibromasseurs fantaisie

Vibromasseur en forme d'œuf

Boules duo

Têtes de vibromasseur interchangeables pour sensations diverses

Je pense que ces boules n'agissent que si vous êtes exceptionnellement sensible, l'intérieur du vagin possédant peu de terminaisons nerveuses.

Existe-t-il des vibromasseurs pour hommes ?

Il existe deux principales sortes de vibromasseurs spécialement étudiés pour les hommes. L'un a la forme d'un anneau à fixer sur la base du pénis (un boîtier à piles permet de le faire vibrer). Il peut être utilisé pendant la masturbation ou l'acte sexuel avec un partenaire. L'autre,

Qu'est-ce que cela signifie si...

mon partenaire a besoin de porno pour être excité ?

Pour la plupart des hommes, la pornographie est un « extra » sexuel sans liens affectifs. Son usage peut être comparé à la consommation d'un type d'aliment différent ou à un loisir agréable. Cependant une dépendance vis-à-vis du porno pourrait être due à l'une des raisons suivantes :

• Votre partenaire peut avoir des problèmes de désir sexuel. Les hommes à la libido défaillante trouvent un certain secours dans le porno de même que les femmes qui ont des difficultés à jouir. Le porno donne alors le petit coup de pouce nécessaire.

• Votre partenaire s'est malheureusement conditionné à ne jouir qu'avec l'aide du porno. Peut-être avait-il l'habitude de se masturber devant du porno quand il était adolescent.

• Il arrive que la pornographie soit utilisée à la place de relations sexuelles avec un partenaire. Il s'agit alors très probablement de problèmes relationnels dans le couple (pas nécessairement de problèmes sexuels) et mieux vaudrait consulter un psychologue.

qui peut être aussi utilisé sur une femme, est un gadget court, légèrement incurvé et qui s'insère dans l'anus. Un renflement l'empêche de glisser à l'intérieur et de se perdre dans le rectum. Quand il est en place, la partie incurvée du vibromasseur masse la prostate, zone extrêmement sensible, avec pour résultat un orgasme immédiat.

Qu'est-ce qu'un anneau pénien et à quoi sert-il ?

L'anneau pénien est fait pour les hommes qui ont des difficultés à maintenir une érection, la raison la plus courante en étant la « fuite veineuse » due à des atteintes organiques. L'anneau pénien, qui se porte à la base de la verge, maintient le pénis assez serré pour que le sang reste en place et permette à l'érection de durer assez longtemps pour mener à bien l'acte sexuel. Les anneaux péniens ne doivent être portés que pendant un temps limité pour éviter d'endommager le pénis. Ils ne doivent jamais être remplacés par un élastique (trop serré).

Les préservatifs structurés font-ils une différence ?

Les préservatifs structurés sont destinés à provoquer des sensations supplémentaires chez les femmes, des côtes ou des aspérités sur l'extérieur du préservatif étant censés stimuler l'intérieur du vagin. Le principe paraît judicieux, mais comme le vagin est très peu riche en terminaisons nerveuses et que seule l'entrée est sensible, la plupart des femmes ne ressentent aucune sensation à l'intérieur de leur vagin. Les préservatifs structurés font donc peu de différence dans les sensations éprouvées pendant la pénétration. Les préservatifs à côtes épaisses peuvent aussi atténuer les sensations chez l'homme (ils sont utiles,

cependant, en cas d'éjaculation précoce). En outre, les préservatifs structurés ne sont pas toujours garantis par une marque et vous ne pouvez être sûr de la protection offerte contre les maladies sexuellement transmissibles et la fécondation. De plus, les protubérances de certaines capotes peuvent augmenter les risques d'éclatement pendant la pénétration.

Comment le cuir noir et le caoutchouc peuvent-ils améliorer le sexe ?

Cuir et caoutchouc ont tous deux un impact visuel et olfactif. Un homme (ou une femme) tout de noir luisant vêtu est particulièrement sexy et ses contours se révèlent en laissant peu de place à l'imagination. Le cuir comme le caoutchouc ont une odeur que beaucoup associent à l'excitation sexuelle.

L'homme peut aussi investir dans un produit spécialement conçu pour le caoutchouc et masser la combinaison ajustée en latex de sa partenaire pour qu'elle luise de tout son éclat. La femme peut enfiler un pantalon de cuir noir très collant et des chaussures à hauts talons, pour devenir l'incarnation même de la féminité perverse. Vous pouvez aussi acheter toutes sortes de lanières, harnais et sangles à fixer autour des fesses, des cuisses ou de chaque côté des parties génitales. La pression augmente la tension sexuelle et leur aspect peut immédiatement exciter un partenaire sensible à ce genre de stimulation.

Les faits

Il existe des capsules en gélatine comestible contenant une gelée parfumée. Glissez-en une dans votre bouche avant une excitation buccale et mordez-la pour enduire votre partenaire de délicieux jus exotiques.

Mon ami me dit que faire l'amour les yeux bandés est formidable. Quelle différence cela peut-il faire ?

Avoir les yeux bandés donne un sentiment d'impuissance et permet de se sentir vulnérable. Votre mental commence à s'affoler alors que votre imagination essaye de poser des images sur l'obscurité créée par le bandeau. Votre anxiété peut également croître. Si votre partenaire est expérimenté, il va exploiter érotiquement ce tumulte d'émotions. En outre, vous êtes forcée de prêter plus d'attention aux sensations physiques que vous donnez et recevez. Pour votre partenaire, le spectacle de votre corps nu et aveuglé va se révéler extrêmement érotique, parce qu'il confère puissance et domination. Le meilleur type d'érotisme est celui qui agit, comme le bandeau aveuglant, sur les deux partenaires.

J'ai envie de me faire un piercing sur le pénis. On m'a dit que cela pourrait augmenter mes sensations sexuelles. Est-ce vrai ?

Le contraire est plus probable. Toute agression sur le pénis se traduira par l'apparition d'un tissu cicatriciel par nature moins sensible. Le principal attrait du piercing est l'érotisme que votre amie peut y trouver. Si le piercing du pénis peut donner au cours de l'acte sexuel des sensations légèrement différentes, celles-ci n'auront cependant rien de remarquable.

Comment le porno peut-il influencer notre relation ?

Jeter un regard furtif sur un film ou un magazine porno peut donner à de nombreuses personnes l'impression érotique d'être « voyeur », même si elles n'imaginent pas un seul instant faire de même « en vrai ». Le porno peut déclencher ou augmenter le désir sexuel de telle façon que vous vous sentiez tout prêt à l'attaque. Pour les femmes, le porno peut faciliter l'orgasme. Cependant, cela est surtout vrai du porno « soft », le « hard » ayant tendance à dégoûter la plupart des femmes. Évitez-le s'il vous donne un sentiment d'insécurité, surtout si vous pensez que votre partenaire est plus excité par cela que par vous-même.

jeux sexuels

J'aime l'idée de jeux sexuels mais par où commencer ?

Un jeu sexuel peut être tout ce que vous voulez qu'il soit, simple ou élaboré, amusant ou sérieux. Il peut inclure de l'eau, des jeux de rôle, des fantasmes ou des accessoires sexuels, vibromasseurs, godemichés et attirail sado-maso. L'important est que votre partenaire et vous-même adaptiez les jeux sexuels à vos propres besoins et préférences. Vous pourriez commencer par le jeu de la domination et de la soumission pendant l'acte sexuel, que beaucoup trouvent érotique. Servez-vous d'un accessoire vestimentaire, écharpe ou cravate pour attirer votre partenaire vers vous. Puis, avec le même accessoire, attachez-lui les poignets ensemble. Ce simple geste peut augmenter considérablement l'attente sexuelle de votre partenaire. Maintenant, caressez-lui ou touchez-lui tout le corps. Ne lui dites pas ce que vous allez faire ensuite, laissez monter le suspense et la réponse tactile. Manipulez votre partenaire en le (la) mettant dans des positions qui exposent sa vulnérabilité. Si vous êtes le partenaire attaché, agitez-vous et protestez pour rendre le scénario plus excitant.

J'aimerais soumettre mon ami à toutes sortes d'expériences tactiles. Pouvez-vous m'indiquer un jeu érotique ?

Vous pourriez faire à votre partenaire un merveilleux massage complet avec de l'huile, culminant en massage génital. Vous pourriez aussi lui bander les yeux et lui demander d'identifier un certain nombre de matériaux et de textures inhabituelles avec lesquelles vous le caresserez, satin, soie, fourrure, cuir, glaçon, pâte dentifrice et gel lubrifiant. Si vous aimez les jeux de fessée, testez son habileté à identifier divers accessoires utilisés pour taper, bambou léger, fouet souple, gant en fourrure ou votre main. S'il se trompe, il sera puni par une fessée supplémentaire !

Je veux organiser quelque chose de spécial pour l'anniversaire de mon ami, une sorte de surprise sexuelle à laquelle il ne s'attendra pas. Pouvez-vous m'aider ?

Organisez une fête privée où vous répondrez à tous les désirs de votre ami. Accueillez-le à la porte avec une bouteille de champagne puis donnez-lui un dîner d'anniversaire léger. Quand il a terminé son repas, dites-lui que vous allez lui offrir ce qu'il y a de mieux sur terre pour l'aider à digérer. Conduisez-le vers un fauteuil, retirez-lui ses chaussures et faites-lui un massage de pieds relaxant, avec de l'huile de massage chaude additionnée de quelques gouttes d'huile essentielle (choisissez de la menthe poivrée aphrodisiaque). Pendant que vous massez un pied, enveloppez l'autre dans une serviette chaude puis, quand vous aurez fini, enveloppez les deux pieds. Assurez-vous qu'il garde les yeux fermés pendant le massage et qu'il ne vous aide pas en bougeant ses membres, toute manipulation étant votre responsabilité. Créez une atmosphère de vulnérabilité, de luxe et de confiance (semblable à l'atmosphère qui entoure un bébé). Quand votre ami est complètement détendu, conduisez-le dans la chambre. Essayez alors sur lui quelques techniques sexuelles (voir

page 78-81). L'idée est de consacrer entièrement cette soirée à votre ami, vos propres besoins attendront.

Je trouve la sensation de l'eau dans la douche merveilleusement sensuelle. Comment puis-je en faire un jeu érotique ?

La douche est un accessoire sexuel naturel, associant chaleur, pression, humidité et friction. Selon le rapport Hite, le massage avec le jet de la douche est même une des méthodes favorites de certaines femmes pour atteindre l'orgasme. Vous pourriez essayer, avec votre partenaire, l'une des méthodes suivantes :

• Couvrez-vous mutuellement de savon liquide et faites un massage érotique à l'autre, chacun à son tour.

• Servez-vous de la douche comme accessoire sado-maso. Vous donnerez du plaisir en dirigeant le jet d'eau chaude sur les parties génitales et vous punirez avec un jet d'eau froide sur le dos de votre partenaire.

• Associez bain et douche. Couchez-vous dans le bain et massez diverses parties du corps avec le jet de la douche (un peu plus chaud que l'eau du bain), périnée, parties génitales, orteils, lèvres, plantes des pieds et sous les genoux.

• Voyez si vous pouvez vous masturber mutuellement jusqu'à l'orgasme avec le jet de la douche dirigé sur vos parties génitales réciproques.

• Surprenez votre partenaire avec une séance d'excitation buccale impromptue au milieu de la douche.

• Faites l'amour dans la douche, l'homme pénétrant par-derrière la femme penchée en avant, ce qui est la meilleure position. L'homme peut aussi soulever la femme qui lui entourera la taille avec ses cuisses. Mais attention de ne pas glisser !

Quels sont les jeux sexuels qui utilisent l'odorat ?

Essayez de soumettre votre partenaire à une série de tests d'odeurs. Commencez par lui mettre un bandeau sur les yeux puis alignez divers parfums inhabituels, exotiques ou érotiques, huile de massage, huile essentielle d'ylang-ylang, caoutchouc d'un préservatif, parfum ou aftershave favori, sécrétions vaginales ou sperme, et sueur de votre aisselle. Organisez un système de récompenses et de punitions pour les réponses justes et les erreurs. La récompense pourrait être 20 secondes de stimulation génitale, la punition 20 secondes de fessée.

Je voudrais jouer un jeu de rôle avec ma partenaire. Que suggérez-vous ?

Voici deux jeux dont le premier est dirigé par l'homme et le second par la femme.

• Cachez les yeux de votre amie avec un foulard et dites-lui que vous l'emmenez dans le harem d'un sultan turc. Le sultan étant très laid, elle n'est pas autorisée à le regarder et si elle est prise en train de jeter un simple coup d'œil, elle sera condamnée à être fouettée. Au harem, elle sera servie par des eunuques dont le seul devoir est de la préparer pour le sultan, en huilant et parfumant son corps et en stimulant ses parties génitales de façon à ce qu'elle soit prête pour le grand homme. Votre rôle est de jouer le rôle des eunuques et du sultan, en veillant à ce que le foulard de votre amie reste toujours en place.

• Cachez les yeux de votre ami avec un foulard et dites-lui que vous l'emmenez dans un harem de femmes exotiques qui peuvent l'utiliser sexuellement de toutes les façons qui leur plaisent. Elles n'ont jamais le droit de sortir du harem et attendent avec impatience le contact sexuel. Les femmes ne recherchant que leur propre plaisir, il ne doit espérer aucune attention sexuelle de leur part. Vous jouerez le rôle des femmes du harem. Manipulez son corps ou les parties de son corps avec vos mains pour obtenir toutes les positions qui vous plaisent. Terminez en vous asseyant sur lui pour être pénétrée et en même temps interdisez-lui de jouir. Ne le laissez pas enlever le foulard.

Ma partenaire a acheté un immense miroir qu'elle a placé à côté de notre lit. Comment l'utiliser avec des jeux sexuels ?

Les miroirs sont un excellent moyen de faire monter la température sexuelle en raison de la satisfaction intense apportée par la stimulation visuelle. Vous regardez effectivement votre propre spectacle pornographique privé, en direct. Le miroir peut être incorporé à de nombreux jeux sexuels dont les suivants :

• Ordonnez à votre partenaire de faire quelque chose de particulièrement provoquant en face du miroir que vous regarderez. Elle peut retirer ses vêtements, se sécher (ou vous sécher) après le bain ou la douche, frotter son corps d'huile de massage ou stimuler ses parties génitales.

• Faites une fellation ou un cunnilingus en face du miroir.

• Faites l'amour dans diverses positions, par-derrière par exemple ou sur une chaise placée devant le miroir. Vous pouvez aussi diriger le miroir de façon à voir le pénis entrant et sortant du vagin. Vous pourriez même essayer de chevaucher le miroir s'il est long et étroit.

Les faits

L'un des jeux sexuels les plus courants est le sexe par téléphone. Chaque partenaire donne à son tour une description érotique de ce qu'il (elle) porte, pense et fait. Quand le tempo érotique s'accélère, chaque partenaire écoute l'autre en se stimulant jusqu'à l'orgasme.

• Jouez un jeu de rôle où vous prétendrez que le miroir est une fenêtre donnant sur la chambre contiguë. Dans cette pièce, deux amants font l'amour spécialement pour vous.

• Jouez à la leçon d'anatomie sexuelle en disant à votre amie de montrer certaines zones de son corps, comme le clitoris ou l'anus, en face du miroir. Votre amie doit alors exposer, pour votre éducation, ce qui arrive quand ces zones sont stimulées. En tant qu'élève, vous êtes obligé de regarder la démonstration dans le miroir.

• Faites l'amour, l'un des partenaires portant un foulard sur les yeux, ce qui encouragera l'autre partenaire, qui regarde dans le miroir, à se débarrasser de toutes ses inhibitions.

J'aime manger et voudrais associer ce plaisir avec le sexe. Quels jeux adopter ?

Vous pourriez emmener votre partenaire faire un pique-nique coquin. Choisissez un jour d'été et un endroit tranquille pour votre sortie. Ou bien, si vous ne pouvez attendre qu'il fasse

précisions

Un pique-nique érotique

Si vous organisez un pique-nique érotique, choisissez les aliments suivants, délicieux et sensuels, et ajoutez une couverture assez grande pour accepter vos ébats amoureux.

• Vin bien frais

• Sandwichs de la taille d'une bouchée.

• Fruits tout prêts, tranches de melon, fraises, cerises ou prunes.

• Quelques grains de raisin glacés dans un thermos.

• Des denrées plus ou moins cylindriques, carottes, concombres, barres de chocolats et sucettes, à manger de façon érotique ou utilisées pour stimuler les zones érogènes de votre partenaire.

• Préservatifs parfumés aux fruits.

conseils

Jeux sexuels alimentaires

Manger est une activité sensuelle s'accordant parfaitement avec le sexe. Les aliments adéquats sont souvent sucrés, collants, crémeux ou juteux. Essayez les jeux suivants ou inventez vos propres jeux.

• Demandez à votre partenaire de cacher un peu de miel sur son corps. Vous devez le trouver avec votre langue.

• Peignez le corps de l'autre avec un pinceau neuf et des aliments coulants, crème, glace, sirop ou yaourt.

• Organisez une bataille d'aliments. Enduisez ses cheveux de crème et de fruits écrasés et versez de la crème sur son corps.

• Faites un repas complet sur le corps de votre partenaire, hors-d'œuvre sur la poitrine, plat principal sur le ventre et dessert sur le ventre et les parties génitales.

beau, essayez de transformer votre chambre en aire de pique-nique, avec un fond sonore de chants d'oiseaux et une nappe à carreaux sur le sol. Dégustez les aliments de la façon la plus provocante possible. Préparez des sandwiches d'une bouchée et donnez-vous la becquée mutuellement. Mettez un raisin bien froid entre vos dents et offrez-le à votre partenaire (ou laissez-le tomber « par accident » dans son soutien-gorge). Partagez la même tranche de pastèque et aspirez le jus dans la bouche de l'autre avec un baiser. Faites une démonstration de stimulation buccale avec une barre de chocolat puis faites la même chose « en vrai ». Et pour parfaire le tout, commencez avec un ou deux verres de vin bien frais.

Mon partenaire aime m'enduire de crème fouettée quand nous faisons l'amour. Comment utiliser d'autres aliments ?

Faites un banquet sexuel. Ce banquet très spécial dont vous êtes le seul convive ne comporte ni table, ni chaises, ni couteaux et fourchettes, le corps nu de votre partenaire servant à présenter la nourriture. Une bombe de crème fouettée, un pot de miel liquide et divers fruits tendres et juteux en forment les ingrédients essentiels avec lesquels vous allez stimuler le corps de votre partenaire. Commencez par une stimulation subtile, faites goutter du miel dans le nombril, pressez du jus d'orange sur la peau, passez un glaçon sur les seins, léchez de la sauce au chocolat sur le cou ou faites un dessin sur le corps avec la bombe de crème et léchez-le. Quand le désir de votre partenaire s'éveille, commencez à stimuler indirectement ses parties génitales, en faisant couler du champagne entre ses jambes par

conseils

Échanges de fantasmes

Il faut du courage pour révéler ses fantasmes parce que nous avons peur de choquer notre partenaire ou d'être l'objet de moqueries, de critiques ou même de dégoût.

• Faites un pacte, accordez-vous pour révéler vos fantasmes chacun à votre tour. Aucune exception n'est permise !

• Commencez « doucement » et « épicez » vos fantasmes progressivement.

• Vos fantasmes respectifs doivent avoir une même « valeur ». Par exemple, si votre partenaire décrit un fantasme délirant, le vôtre doit l'être aussi.

• Ne mettez pas votre partenaire mal à l'aise en raillant ses

fantasmes et, tout aussi important, n'évoquez pas de fantasmes qui risqueraient de l'effrayer.

exemple, ou en grignotant un beignet placé autour de son pénis. Quand la tension sexuelle monte, stimulez directement les parties génitales, décorez-les de crème, de glace ou de yaourt que vous retirerez en les léchant. Vous pouvez aussi faire des godemichés naturels avec des légumes comme les carottes et les concombres (lavez-les bien avant).

J'ai entendu parler de jeux de rôle sexuels. Expliquez-moi ?

Ces jeux de rôles sont des sortes de charades sexuelles. Vous devez jouer un scénario à thème franchement sexuel. Avec votre partenaire, vous jouez les rôles que vous vous êtes attribués. Vous pouvez inventer des rôles tels que prêtre et vierge, professeur et écolière, domi-

nateur et victime, etc. Les rôles sexuels peuvent être préparés à l'avance et élaborés, avec des costumes, des accessoires et un texte, ou ils peuvent être spontanés, en vous fiant entièrement à votre imagination. Le but du jeu de rôle est de faire peu à peu monter le désir en un crescendo sexuel. Les jeux de rôle réussis sont faits de tentations, provocations et frustrations sexuelles, tous éléments qui font monter le désir.

J'aime l'idée de soumission et de domination, mais je ne sais pas très bien quoi faire. Existe-t-il une façon « sûre » de procéder ?

Pour qu'un jeu de soumission et de domination soit réussi, il doit exister un sentiment solide de confiance entre les partenaires. Il est aussi important de se mettre d'accord sur un mot de passe qui signifiera « stop », ce mot pouvant être utilisé à tout moment par l'un ou l'autre des partenaires pour se retirer du jeu. Cette règle est indispensable parce que les jeux de soumission comprennent souvent des mots comme « non, non, stop, stop ! » alors qu'en fait, vous appréciez beaucoup. À la seconde où le mot de passe est dit, vous devez tous deux vous arrêter net. Si vous sentez que vous ne pouvez faire confiance à un partenaire, ne commencez pas de jeux comportant humiliation physique ou psychologique.

J'ai l'impression que mon ami aimerait que je lui inflige des « corrections » et j'en aime assez l'idée. Pourriez-vous me donner quelques conseils ?

Commencez par vous déguiser pour le rôle. Habillez-vous de cuir noir ou de PVC (associés peut-être à de la dentelle noire ou autre tissu transparent), avec des vêtements serrés et luisants, des bas ou des bottes noires de cavalier montant jusqu'aux cuisses et révélant leur chair nue. Et rappelez-vous que

vous jouez un rôle. Si vous êtes la dominatrice, votre ami doit savoir qui est le maître. Il est obligé de mal se conduire (parce qu'il veut être puni) et vous devez être ferme et le punir à votre gré. Tenez-vous au-dessus de lui (il est couché nu sur le sol). Appuyez vos cuisses sur son visage et ordonnez-lui de vous embrasser ou de vous lécher. Avec un bambou léger, tapotez sa peau nue pour qu'il sache ce qui va suivre s'il est désobéissant. Vous pouvez augmenter la vulnérabilité de votre ami en lui bandant les yeux avec

un foulard, en lui attachant les poignets derrière le dos et en le poussant à quatre pattes de façon à ce que sa tête soit contre le sol. Fouettez-le sur les fesses dans cette position pour qu'il sache à quoi s'attendre. Et dites que vous allez lui pardonner s'il vous fait l'amour de façon passionnée. Il doit résister et sera longuement puni en conséquence, cela fait partie du jeu !

J'aime me sentir dominée pendant l'amour. Comment puis-je obtenir de mon ami qu'il soit plus dominateur ?

Dites-lui que vous voulez jouer à être une jeune mariée ou une vierge et que ce soit lui qui mène le jeu. Résistez légèrement à ses avances et montrez votre réticence pendant tout le jeu, ce qui lui permettra de vous dominer. Prétendez qu'il s'agit là de votre première expérience sexuelle. Laissez votre ami vous déshabiller, puis couvrez votre poitrine comme si vous étiez honteuse de révéler votre corps. Vous pouvez même porter du blanc pour accentuer le côté virginal du rôle, mais le tissu doit être extrêmement tactile. Répondez amoureusement aux caresses de votre ami, mais ne prenez jamais l'initiative. Restez dans votre rôle, en laissant monter peu à peu votre désir. Laissez-le constater combien ce jeu vous excite.

J'adore être attaché par mon amie, mais j'aime aussi faire le contraire. Pouvez-vous me donner une idée de jeu ?

Essayez de jouer le scénario suivant. La pièce est sombre, à l'exception d'une seule bougie brûlant dans un coin. Un drap noir est drapé sur le lit (qui doit avoir une tête de lit pour maintenir les liens !). Vous êtes le maître des esclaves et votre amie est une esclave. Conduisez-la dans la pièce

conseils

Règles des jeux sexuels

Avant de commencer un jeu sexuel, mettez-vous d'accord avec votre partenaire sur quelques règles de base :

- Ne faites rien qui puisse perturber ou effrayer votre partenaire.
- Procédez lentement et doucement, surtout si vous jouez à des jeux de domination et soumission et que vous ayez le pouvoir d'humilier.
- Mettez-vous d'accord à l'avance sur ce que vous pouvez et ne pouvez pas faire.
- Mettez-vous d'accord sur un mot de passe spécial signifiant « stop ». Ceci est indispensable, le mot « stop » étant souvent utilisé sans signification.
- Soyez sûrs de votre confiance mutuelle et refusez tout ce qui vous fait peur.

et ordonnez-lui de retirer ses vêtements. Expliquez-lui qu'elle est une
mauvaise esclave et doit être punie
pour son comportement. Dites-lui de
se coucher, son visage contre le lit, et
attachez-lui les mains à la tête de lit
avec des liens souples (foulard ou
cravate). Cette position expose ses
fesses nues et la rend vulnérable. Dites-
lui de rester absolument tranquille et
quittez la pièce une ou deux minutes.
Quand elle pense que vous l'avez
oubliée, rentrez et « découvrez » qu'elle
a bougé légèrement. Puisque cela lui
est absolument défendu, elle doit être
punie. La punition peut prendre la
forme d'une légère fessée, ou vous
pouvez inventer vos propres techniques
de « torture ». Continuez à quitter la
pièce et chaque fois que vous revenez,
donnez la punition. Pour finir, ordonnez-lui de vous faire l'amour en vous
obéissant en tout point. Vous pouvez
aussi jouer ce jeu en menottant votre
partenaire à une table et en la laissant
debout, nue !

**Mon partenaire aime les jeux
sado-maso et trouve la douleur
érotique. Cela m'est égal de
jouer des jeux de rôle, mais
je ne comprends pas la douleur,
comment peut-elle être
érotique ?**

Certaines personnes ont un seuil de
douleur très élevé qui peut être dû en
partie à la « pratique » de nombreux
jeux sadomasochistes, par exemple,
mais aussi à une forte motivation pour
trouver du plaisir à être puni. Ceux qui
souffrent réellement d'une culpabilité
sexuelle profonde peuvent éprouver un
certain soulagement et un apaisement
par la punition. Certaines personnes
peuvent ressentir le désir irrésistible de
changer de rôles, par exemple un juge
tout puissant se déchargera momen-

tanément de toute responsabilité en étant humilié par une amante dominatrice. Pour d'autres, et depuis l'enfance, la douleur et le plaisir sont définitivement associés. Ainsi, les châtiments corporels à l'école peuvent avoir établi un lien entre châtiment et excitation. L'intérêt pris aux jeux sado-maso peut aussi venir du désir d'essayer les aspects les plus spectaculaires, tabous ou interdits du sexe.

J'aime l'idée de donner et recevoir des fessées, mais je ne l'ai jamais concrétisée. Y a-t-il une bonne et une mauvaise façon de procéder ?

La fessée donnée dans un but sexuel doit être assez forte pour faire réagir la peau mais sans provoquer de douleur (à moins que vous appréciez la douleur, cela risque de vous dégoûter du sexe !) Une légère tape de la main ou un petit coup avec une tapette à tapis fait rougir la surface de la peau en créant une sensation de chaleur et de picotements qui peut être un prélude plaisant à l'excitation sexuelle. Ce genre de fessée peut picoter, mais ne doit jamais faire mal ; si cela arrive, arrêtez aussitôt. Parmi les accessoires sans danger, on trouve les tapettes à tapis, les spatules, les chasse-mouches et les martinets souples. Si vous utilisez des objets « durs », comme les fouets, les cannes, les règles ou les cravaches, faites attention, vous pourriez provoquer de sérieux dégâts. La punition doit être symbolique et non réelle.

Existe-t-il un jeu de fessée auquel je pourrais jouer avec mon amie ?

Demandez à votre amie sur quel endroit du corps elle aimerait être battue et battez-la ailleurs. Quand elle proteste, battez-la encore ailleurs. Parfois, bien

étude d'un cas

« Notre vie sexuelle a besoin d'une révision complète. »

Jérémie, 44 ans

Suzanne et moi nous vivons ensemble depuis 10 ans. Notre vie sexuelle, satisfaisante au début, s'est gâtée depuis quelques années. En fait, notre vie sexuelle a besoin d'une révision complète. Je ne sais par où commencer parce que mon attitude envers le sexe a toujours été plutôt conventionnelle et je croyais que tant que vous aimiez quelqu'un, le côté physique de l'amour suivait automatiquement. Suzanne est plus audacieuse que moi et j'ai peur qu'elle ne cherche ailleurs si je ne peux pas la satisfaire.

Suzanne, 40 ans

J'ai été très heureuse avec Jérémie mais quand il s'agit de sexe, nous faisons généralement l'amour dans la position du missionnaire, dans le noir. J'aimerais essayer quelque chose de plus érotique, comme de me déguiser et mettre des talons aiguille, Jérémie m'obligeant à faire l'amour. Je fantasme sur des sous-vêtements érotiques que Jérémie trouverait si irrésistibles qu'il me prendrait de force pour me faire l'amour plusieurs fois. Mais nous n'avons jamais partagé ce genre de choses dans notre relation et je ne sais par où commencer.

Commentaire :

⟪ *La relation sexuelle de Jérémie et Suzanne étant plus ou moins arrivée à un point mort, ils décidèrent de voir ensemble un sexologue. Au cours des séances, Suzanne admit qu'elle avait de nombreux fantasmes quand elle se masturbait seule et qu'elle aimerait les partager et les concrétiser avec Jérémie. Au début, Jérémie se sentit exclu par le fait que Suzanne se masturbait et fantasmait sans lui. Puis, après en avoir discuté, il commença à se sentir flatté d'être l'objet de tant de fantasmes. Il accepta aussi l'idée d'essayer autre chose au lit. Bien que Jérémie n'eût aucune aptitude naturelle pour concrétiser des fantasmes sexuels, il découvrit qu'il aimait les réactions de Suzanne au lit, et s'aperçut qu'elle semblait plus excitée et désireuse de faire l'amour qu'elle ne l'avait été depuis des années, ce qui en retour le rassura sur la force de leur relation et la fidélité de Suzanne. Celle-ci de son côté perdit ses inhibitions et se sentit capable d'exprimer le côté extraverti de sa sexualité, comme elle ne l'avait jamais fait auparavant. Suzanne et Jérémie sentirent tous deux qu'ils avaient redécouvert leur vie sexuelle et leur relation en fut renforcée.* ⟫

papiers et dites à votre partenaire d'en tirer un. Vous devrez tous deux ensuite vous comporter comme le personnage.

Je sais que ma partenaire aimerait jouer les rôles de ses fantasmes sexuels mais cela l'embarrasse. Comment l'encourager à s'exprimer ?

Parlez ouvertement de vos propres fantasmes et encouragez-la à évoquer les siens (voir l'encadré page 121). Puis la prochaine fois que vous ferez l'amour, incarnez certains aspects de ses fantasmes et observez son attitude. Vous pouvez aussi essayer de deviner les fantasmes de votre partenaire.

Mon partenaire et moi, nous nous sentons assez ridicules en incarnant nos fantasmes. Comment surmonter cela ?

Vous pourriez commencer en lisant un livre de fantasmes ensemble. Essayez l'ouvrage de Nancy Friday, *Mon Jardin Secret,* compilation de fantasmes sexuels féminins. Chacun tour à tour, lisez un fantasme à haute voix, le soir au lit. Quand vous serez plus familier avec les fantasmes des autres, vous n'aurez plus peur d'exprimer les vôtres.

Mon ami fantasme sur le sexe en public. Jusqu'où pouvons-nous aller sans perturber les gens ou enfreindre la loi ?

Le sexe en plein air est parfait tant que vous êtes sûr de bénéficier d'une intimité totale, par exemple sur une plage déserte ou dans un coin éloigné d'un bois. Cependant, le sexe dans un lieu public est entièrement différent parce que, comme vous l'indiquez, vous risquez non seulement de gêner les autres, mais aussi d'enfreindre la loi. Vous devez alors essayer de trouver un compromis. Les idées suivantes

entendu, vous pouvez la battre à l'endroit désiré, l'idée étant de taquiner, agacer et frustrer. La frustration suffit à exciter le désir.

Comment pourrions-nous, mon amie et moi, introduire nos fantasmes dans nos jeux sexuels ?

Commencez par discuter de vos fantasmes respectifs, de ceux que vous aimez, ceux pour lesquels vous êtes plus mitigés et ceux que vous n'aimez pas. Cela vous aidera à établir les règles de base pour vos jeux sexuels. Soyez totalement honnête ; si un fantasme ne vous plaît pas, dites-le, mais sans faire

de jugement pour que votre partenaire ne se sente pas critiquée. Attention, si vos fantasmes sont focalisés sur votre nouvelle collègue de bureau, bien que vous n'ayez pas l'intention de coucher avec elle, vous risquez de déstabiliser votre amie. Commencez par choisir un fantasme ou une scène de sexe d'un film, et jouez-la en vous déguisant et utilisant des accessoires. Vous pouvez aussi inscrire sur des bouts de papier des rôles ou personnages, par exemple, esclave, dominatrice, professeur, vierge, écolière, star du porno ou prisonnier, ou encore des noms de gens célèbres (là encore, attention à ne pas rendre votre amie jalouse). Mélangez les comportent à la fois exhibitionnisme et danger sans risques.

• Attaquez les préliminaires dans un lieu public et précipitez-vous chez vous pour faire l'amour. Jouez du pied sous la table d'un restaurant, embrassez-vous dans la rue, asseyez-vous sur ses genoux et chuchotez des mots érotiques.

• Soyez opportuniste. Chez des amis, faites l'amour dans la salle de bains. Caressez-vous dans l'ascenseur.

• Faites l'amour dans une pièce sombre donnant sur une rue éclairée. Vous voyez les gens dans la rue, mais ils ne peuvent vous voir.

Dois-je raconter à mon ami mon fantasme ? Je voudrais le maquiller et l'habiller avec mes sous-vêtements. Cela m'excite chaque fois que j'y pense.

Considérez la réaction probable de votre ami. Va-t-il se figer d'horreur ou est-il

Qu'est-ce que cela signifie si...

mon partenaire aime souffrir pendant l'amour ?

Cela signifie que votre partenaire est masochiste, quelqu'un qui aime la soumission et les châtiments corporels comme faisant partie intégrante du sexe. Le partenaire idéal du masochiste est le sadique, quelqu'un qui aime dominer et infliger des châtiments. La question cruciale pour les partenaires qui aiment les jeux sadomasochistes est de savoir quel est le niveau de douleur acceptable et sans danger. Je considère qu'il est sage de s'arrêter à la sorte de douleur entraînée par une fessée à la main ou avec un fouet à lanières de feutre. Bien entendu, certaines personnes préfèrent une douleur plus forte mais, pour votre propre santé, je pense qu'il vaut mieux s'arrêter là.

plus souple dans son approche du sexe. Est-il le mâle viril qui s'accroche à sa virilité ou accepte-t-il le côté féminin de sa personnalité ? Approchez le sujet d'une manière enjouée, avec le sens de l'humour. Commencez par déterminer s'il aime être caressé avec vos sous-vêtements en soie.

Comment jouer au lit au docteur et au malade ?

Choisissez qui sera le docteur et qui sera le malade. Si vous voulez mettre une blouse blanche, faites-le. Demandez à votre patient de monter sur la table après avoir retiré ses sous-vêtements. Si le patient est une femme, dites-lui d'ouvrir les jambes puis commencez à examiner ses parties génitales, des gants de chirurgien pouvant ajouter à l'authenticité ! Appuyez doucement sur diverses zones autour du clitoris et du vagin et demandez à la patiente ce qu'elle ressent. Si elle commence à être réellement excitée, dites-lui que vous devez pratiquer un examen interne et insérez doucement votre doigt dans son vagin. Continuez de lui demander de vous indiquer ses sensations. Ensuite demandez à la patiente de se mettre à quatre pattes pour que vous puissiez l'examiner par-derrière, et dites-lui de vous préciser les sensations éprouvées en différents points. Si le patient est masculin, soulevez son pénis et examinez-le sur toutes les coutures. Faites glisser son prépuce et mesurez la taille de la verge. Glissez votre doigt autour du gland. Soupesez les testicules et évaluez le poids (au hasard). Enduisez votre doigt de gel lubrifiant et passez-le sur toute la longueur du pénis, sous les testicules et sur le périnée. Demandez au patient ce qu'il ressent. Pour rendre le jeu plus réel, restez froid et professionnel dans le rôle du docteur et ne montrez vous-même aucun signe d'excitation.

conseils

Jeux de baisers

Des baisers passionnés peuvent rendre le sexe très érotique. Les lèvres sont une partie du corps particulièrement érotique et des baisers sensuels éveillent rapidement le désir.

• Faites manger à l'autre avec les doigts, des fruits tendres et juteux, prunes, pêches, nectarines. Laissez le jus couler sur les lèvres puis échangez un baiser sucré.

• Dégelez un grain de raisin glacé en l'échangeant dans vos bouches, puis croquez-le et partagez-le.

• Embrassez différemment. Aspirez ou mordez doucement les lèvres de votre partenaire. Si vos baisers sont généralement doux et lents, essayez des baisers durs, rapides.

• Mettez-lui du brillant à lèvres et retirez-le par un baiser.

• Lisez le *Kama Sutra* et essayez les diverses sortes de baisers. L'un d'eux est le « baiser en biais », la tête des amants étant légèrement penchée d'un côté, ce qui permet un contact et une pénétration maximum de la langue.

sexe pour les pros

précisions

Massage à trois mains

Inventé par le masseur Ray Stubbs, le massage à trois mains associe un massage spécial de tout le corps et une relation sexuelle. Les partenaires doivent se masser mutuellement, chacun à son tour.

• Pour elle : demandez à votre partenaire de se coucher sur le ventre. Asseyez-vous à cheval sur ses cuisses et passez-lui de l'huile de massage sur le dos, les fesses et les jambes. Appliquez également de l'huile sur votre ventre, vos parties génitales et vos cuisses. Massez le dos de votre amie avec vos mains et, en même temps, faites glisser votre corps de haut en bas sur ses cuisses et ses fesses. Votre pénis est en contact avec sa peau et forme une partie du massage (d'où le terme « à trois mains »). Vos mouvements doivent être fluides et sensuels. Alors que votre désir mutuel s'éveille, laissez votre pénis glisser entre les jambes de votre partenaire. Pénétrez-la très lentement, plus vous irez lentement, plus la sensation sera érotique. Laissez vos mains et votre pénis la masser simultanément, tous mouvements confondus.

• Pour lui : demandez à votre partenaire de se coucher sur le dos et asseyez-vous sur lui. Suivez les instructions ci-dessus, mais massez son corps avec vos mains, vos seins et vos parties génitales. Quand il est excité, laissez votre vagin glisser peu à peu contre son pénis. Poursuivez ce mouvement très lentement, avant de lui permettre de rester en vous. Continuez de masser votre partenaire avec vos mains.

Comment pratiquer le rapport anal ? Les femmes peuvent-elles éprouver un orgasme par la pénétration anale ?

L'anus doit être très lubrifié avant de pratiquer le rapport anal. Contrairement au vagin, il n'est pas autolubrifiant et, pour prévenir un frottement douloureux, utilisez beaucoup de gel lubrifiant à base aqueuse, sur l'anus comme sur le pénis. Relaxer l'anus peut également faciliter la pénétration. Pour éviter de transmettre une infection, il est important de porter un solide préservatif qui doit être changé si le rapport anal est suivi par un rapport vaginal. La pénétration anale ne stimulant pas le clitoris, la femme ne peut le plus souvent atteindre l'orgasme sans stimulation supplémentaire et, pour cela, l'homme peut frotter le clitoris de la femme avec sa main. Cela dit, certaines femmes trouvent le rapport anal si érotique qu'elles peuvent atteindre l'orgasme sans aide supplémentaire. Pour les hommes, la pénétration anale leur permet d'éprouver très facilement l'orgasme, leur prostate, glande particulièrement sensible, étant directement stimulée. Le massage de la prostate, quel qu'il soit, aboutit à un orgasme facile et immédiat.

J'ai entendu parler de l'auto-fellation. Qu'est-ce que c'est et comment la pratique-t-on ?

L'autofellation est une pratique masculine extrêmement difficile consistant à stimuler son propre pénis avec sa bouche. Inutile de dire qu'il faut pour cela les talents d'un acrobate doublés d'os en caoutchouc. L'autofellation n'est décidément pas pour les obèses. Attention : le simple fait d'essayer peut donner un torticolis !

conseils

Positions sexuelles pour les pros

Si vous êtes souple, vous pouvez vous amuser à essayer certaines positions inédites. Ces quatre positions viennent de textes érotiques anciens, comme le *Kama Sutra*.

La femme soulève son corps en s'appuyant sur les épaules. L'homme maintient ses jambes et la pénètre.

La femme adopte la position du lotus puis se couche sur le dos en ramenant ses jambes pliées vers sa poitrine.

La femme se couche sur le dos, lève une jambe dont elle pose le talon sur le front de l'homme. Lui se dresse sur ses genoux et ses mains.

La femme est couchée sur le dos, lève les jambes et soulève les hanches tout en attrapant ses chevilles au-dessus de sa tête. L'homme est à quatre pattes et la pénètre.

Qu'est-ce que le sexe tantrique et comment cela agit-il sur les relations sexuelles ?

L'art indien du sexe tantrique vise à créer un lien spirituel entre les amants et à sublimer l'acte sexuel en le prolongeant considérablement. Exécuté dans les règles, il peut vous mener à un état d'extase spirituelle et vous donner un sentiment d'éternité à travers le sexe et l'orgasme. Un programme sexuel tantrique se fait généralement sur deux ou trois jours (souvent beaucoup plus) et n'est pas quelque chose qui puisse être accéléré. On recommande aux couples de développer leur intimité en passant des heures à se caresser mutuellement le corps et à se détendre ensemble. L'excitation sexuelle se crée lentement, peu à peu, l'esprit et le corps se remplissant d'énergie sexuelle. L'orgasme, lorsqu'il survient à la fin d'un long exercice érotique, se prolonge alors.

Je voudrais savoir ce que c'est qu'une partie à trois ? Comment cela se passe-t-il ?

Une partie à trois signifie tout simplement trois personnes faisant l'amour ensemble. Cela peut être stimulant pour la sensation physique procurée par deux paires de mains, de lèvres, deux corps et deux sexes sur les vôtres. Les rapports sexuels peuvent impliquer les trois personnes ensemble ou deux seulement, l'autre étant spectateur. Le partage peut inclure l'acte lui-même s'il y a deux hommes et une femme, un homme pénétrant la femme dans le vagin et l'autre dans l'anus. S'il y a deux femmes et un homme, l'une des femmes peut avoir un rapport avec l'homme pendant que l'autre ajoute aux sensations des deux partenaires avec une stimulation manuelle ou buccale. Les diverses possibilités ne sont limitées que par l'imagination des participants.

êtes-vous entreprenant ?

Le secret d'une vie amoureuse passionnée et enrichissante réside dans l'esprit d'aventure, le besoin d'essayer quelque chose de nouveau, de rejeter ses inhibitions et ses tabous, et d'accepter les défis sexuels.

Vous dînez avec des amis et quelqu'un suggère un jeu de strip-poker après le dîner :

☐ A Vous acquiescez avec enthousiasme, espérant perdre ?

☐ B Vous acceptez en espérant avoir une bonne donne ?

☐ C Vous refusez de jouer, mais vous regardez ?

Que pensez-vous du rapport anal :

☐ A Vous êtes un pro confirmé ?

☐ B Oui, à condition d'être dans l'humeur adéquate ?

☐ C Vous ne l'avez jamais pratiqué ?

Au restaurant, votre partenaire est séduit(e) par le costume sexy de la serveuse ou du serveur :

☐ A Vous investissez dans un costume similaire et, le soir, vous donnez à votre ami la primeur d'un jeu de rôle ?

☐ B Le soir, vous servez à dîner à votre ami avec une lueur sexy dans l'œil ?

☐ C Vous êtes jalouse ?

Vous êtes en train de conduire et votre partenaire a tout à coup envie de faire l'amour :

☐ A Vous vous arrêtez au prochain coin tranquille ?

☐ B Vous vous arrêtez et donnez à votre partenaire un baiser brûlant pour l'allumer davantage ?

☐ C Vous dites que vous pouvez attendre d'être à la maison ?

Votre partenaire a apporté une boîte de votre glace favorite :

☐ A Vous l'étalez sur sa poitrine et la léchez lentement ?

☐ B Vous allez chercher une cuillère et demandez à votre partenaire de vous donner la becquée ?

☐ C Vous allez chercher deux cuillères et vous la mangez en face de la télé ?

Vous êtes en vacances et vous faites un câlin à votre partenaire sur une plage presque déserte :

☐ A Vous arrachez son maillot et faites l'amour sur le sable ?

☐ B Vous faites l'amour dans un coin bien abrité des dunes ?

☐ C Vous allez dans la mer et faites l'amour sous les vagues où personne ne peut vous voir ?

Un couple de vos amis vous demande si cela vous intéresse de les rejoindre chez eux pour « une soirée entre adultes » :

☐ A Vous acceptez aussitôt, l'invitation est tentante ?

☐ B Vous acceptez par curiosité, vous verrez bien ?

☐ C Vous déclinez poliment ?

Vous êtes chez des amis et quelqu'un met en route une vidéo porno :

☐ A Vous vous asseyez aussitôt sur le canapé pour regarder de plus près, en commentant les images ?

☐ B Vous regardez avec intérêt, du coin de l'œil ?

☐ C Vous allez dans une autre pièce avec d'autres invités ?

Vous vous promenez dans les bois avec votre partenaire et vous vous sentez excité(e) :

☐ A Vous coincez votre partenaire contre l'arbre le plus proche ?

☐ B Vous trouvez un bosquet abrité et vous faites l'amour sous le feuillage ?

☐ C Vous lui donnez un baiser brûlant et vous allez vers la maison pour continuer ce qui a si bien commencé ?

Vous avez une liaison avec un(e) collègue :

☐ A Vous faites l'amour régulièrement dans le placard du couloir ?

☐ B Vous filez à l'appartement d'un ami pour faire l'amour à l'heure du déjeuner ?

☐ C Vous gardez une attitude professionnelle pendant les heures de bureau, mais vous vous rattrapez le soir ?

Votre partenaire vous invite à dîner chez elle et vous demande de venir habillé de façon sexy :

☐ A Vous arrivez, vêtu(e) d'un long manteau, sans rien dessous ?

☐ B Vous portez votre tenue la plus sexy, sans sous-vêtements ?

☐ C Vous portez votre tenue et vos sous-vêtements les plus sexy ?

Vous passez une soirée romantique au restaurant et vous voulez montrer à votre partenaire combien vous l'aimez :

☐ A Vous vous déchaussez et le/la stimulez sous la nappe avec votre pied ?

☐ B Vous chuchotez quelques suggestions croustillantes ?

☐ C Vous lui faites du pied sous la table ?

RÉPONSES

A majoritaires. Vous êtes très extraverti(e) sexuellement et vous avez l'esprit ouvert. Votre libido est probablement très développée et le sexe est une partie importante de votre relation. Vous n'avez pas peur d'exprimer votre sensualité et vous êtes toujours d'accord pour de nouvelles expériences. Attention cependant, tout le monde n'exprime pas sa sexualité aussi librement. Votre assurance et votre esprit d'aventure sont grands, mais votre comportement peut être légèrement intimidant pour un(e) partenaire moins assuré(e) que vous.

B majoritaires. Vous avez une vie sexuelle intéressante et inattendue grâce aux rencontres passionnées que vous suscitez mais vous croyez qu'il n'est pas mauvais de savoir attendre parfois, pour que les moments érotiques le soient encore plus. Gardez votre assurance et continuez à mener votre vie sexuelle exactement comme vous l'entendez. Et n'ayez pas peur de satisfaire votre curiosité.

C majoritaires. Bien que vous soyez ouvert(e) à toutes les suggestions, vous êtes plus circonspect(e) quand il s'agit d'exprimer spontanément votre sexualité. Il est possible que l'idée du sexe en plein air ou dans un restaurant ne vous plaise guère, mais il se peut aussi que vous ayez accumulé des inhibitions et que votre attitude envers le sexe soit devenue réactionnaire. Si vous sentez que vos inhibitions influencent votre vie sexuelle, essayez de les oublier pour faire de nouvelles expériences.

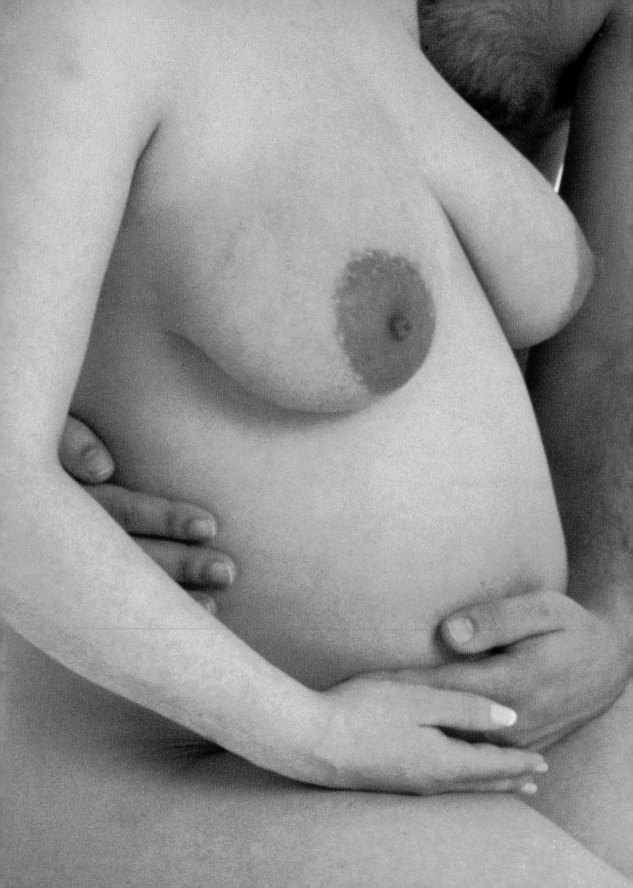

la grossesse
et ses suites

Vous devrez peut-être adapter votre vie sexuelle à la grossesse et aux nécessités imposées par la présence des enfants, mais rien ne vous oblige à y mettre un terme. En fait, plus votre partenaire se sentira proche de vous, mieux cela vaudra pour le bébé.

le début de la grossesse

Qu'espérer de la libido pendant les premiers mois de la grossesse ?

Chaque femme, chaque grossesse sont différentes, mais de façon générale, les trois premiers mois peuvent être très fatigants, ce qui, associé aux vomissements matinaux, risque de diminuer votre désir sexuel. Cependant, la plupart des femmes s'aperçoivent que leur libido et leur énergie reviennent au deuxième trimestre de la grossesse. Certaines femmes se sentent sexy et sensuelles tout au long de la grossesse, d'autant plus qu'elles n'ont pas à se préoccuper de contraception, de leurs règles et de leur syndrome prémenstruel.

Et si je n'ai simplement pas envie de faire l'amour ?

Même si vous n'avez pas envie de faire l'amour, il est bon de rester physiquement intime avec votre partenaire, caresses, massages de pied, câlins, masturbation mutuelle, et stimulations buccales remplaçant l'acte sexuel. Bien

que la stimulation buccale soit possible pendant la grossesse, l'homme doit éviter de souffler dans le vagin.

Faire l'amour les trois premiers mois peut-il faire du mal au bébé ?

Certains hommes croient, à tort, que leur pénis va blesser le fœtus s'ils font

l'amour. D'autres, même inconsciemment, ont peur que le bébé endommage leur pénis. Mais sexe et orgasme sont absolument sans danger en début de grossesse, avec pour seule exception un risque éventuel de fausse couche. Si vous avez des pertes de sang, consultez aussitôt votre médecin. Les femmes qui ont déjà eu des fausses couches au cours du premier trimestre doivent aussi demander à leur gynécologue si elles peuvent avoir des rapports sexuels.

Je suis enceinte de sept semaines et je ne supporte pas que mon ami me touche les seins. Est-ce normal ?

Oui, tout à fait. Les seins sont souvent douloureux et tendus pendant le premier trimestre, en raison du flot d'hormones dû à la grossesse inondant votre corps. Expliquez-le à votre partenaire pour qu'il stimule d'autres zones érogènes de votre corps. Les seins deviennent généralement moins douloureux au deuxième trimestre.

le milieu et la fin de la grossesse

Je suis enceinte de 12 semaines et je n'ai ressenti aucun désir sexuel depuis trois mois. Les choses vont-elles s'arranger dans les mois à venir ?

Oui en effet, l'énergie et la libido reviennent généralement au deuxième trimestre, certaines femmes se sentant même particulièrement attirées par le sexe. Les trois derniers mois sont plus compliqués. Votre poids vous fatigue et votre mobilité est réduite pendant l'amour. Malgré cela, vos parties génitales gonflées de sang et très sensibles peuvent réclamer une stimulation sexuelle. La masturbation peut remplacer l'acte sexuel devenu difficile.

conseils

Pour les hommes

À faire :
• Soyez tendre, romantique, patient et compréhensif.
• Si elle n'a pas très envie de faire l'amour, proposez autre chose, comme un massage corporel complet.
• Rassurez-la en lui disant que vous aimez ses nouvelles formes.
• Prenez votre temps pour faire l'amour.
• Ayez beaucoup d'oreillers pour le confort.

À ne pas faire :
• Lui demander d'être plus concentrée pendant le rapport, alors que le bébé gigote un peu trop.
• Être perturbé si elle n'a pas d'orgasme à chaque fois.
• Vous attendre à, ou essayer d'atteindre, un orgasme simultané.
• Mettre quoi que ce soit dans son vagin, excepté votre pénis.

J'ai remarqué que mes orgasmes sont plus intenses depuis que je suis enceinte. Est-ce normal ?

Il est normal de ressentir une tension sexuelle accrue dans les parties génitales à partir du quatrième mois. Les bouleversements hormonaux de la grossesse augmentent le flux de sang dans le bassin, ce qui fait gonfler la vulve et le vagin qui deviennent ultra-sensibles. Chez certaines femmes, cette hypersensibilité peut se traduire par des orgasmes plus intenses ou même, pour la première fois, par des orgasmes multiples. D'un autre coté, le sang ne se retirant pas des parties génitales après l'orgasme (comme c'est le cas hors de la grossesse), certaines femmes restent insatisfaites, en ayant l'impression que leur orgasme n'est pas « fini ».

Dois-je éviter d'utiliser des accessoires sexuels pendant ma grossesse ?

Vous pouvez les utiliser à l'extérieur du corps, mais ne les insérez pas dans le vagin durant votre grossesse, en raison du risque d'infection.

Je me sens grosse et peu attirante et j'ai l'impression qu'il est impossible que mon mari me désire. Je n'ai pas envie de faire l'amour parce que je devrais me dévêtir devant lui. Mon mari essaye de me rassurer, mais sans succès. Que puis-je faire ?

Il est parfois difficile d'accepter cette nouvelle et grosse version de vous-même, surtout si vous associez grosseur et laideur. Essayez d'établir une image de votre corps plus positive. Vous pourriez pour cela discuter de vos sentiments à

un cours prénatal et découvrir ce que d'autres femmes enceintes ressentent, ce qui peut être extrêmement rassurant. Parlez à votre mari également, il semble être très compréhensif. Donnez-lui la chance d'exprimer son amour pour vos nouvelles courbes. Si vous le rejetez sexuellement maintenant, il vous sera difficile de reprendre votre vie sexuelle quand bébé sera né et que votre corps aura retrouvé son état normal. Et ne croyez pas le mythe qui veut que l'acte lui-même est le seul moyen de faire l'amour, il est totalement faux. La grossesse est une période parfaite pour la stimulation buccale, la masturbation et les massages mutuels.

précisions

Vos hormones

Le corps est le témoin d'importants changements hormonaux pendant la grossesse, en raison de la production supplémentaire d'hormones sexuelles féminines, dont l'œstradiol et la progestérone. Les œstrogènes sont associés à une sensation de bien-être, au contraire de la progestérone, cause d'inconfort et de symptômes de type prémenstruel. Le taux de testostérone chute légèrement, ce qui peut entraîner une baisse de l'intérêt sexuel chez les femmes enceintes.
Les hormones de la grossesse causent un afflux de sang vers les parties génitales qui gonflent. Bien que ce gonflement puisse donner une sensation agréable à l'homme pendant l'acte sexuel, certaines femmes ressentiront moins fortement les contractions de l'orgasme.

Certains hommes sont-ils particulièrement attirés par les femmes enceintes ?

Certains hommes sont attirés par le merveilleux teint, le rayonnement et les courbes, symboles de la fécondité, de la femme enceinte et par l'impression de bien-être qu'elle dégage. Cependant d'autres hommes n'ont aucune attirance pour la grossesse. Tout dépend du goût de chacun.

Je suis bouleversée parce que je viens de découvrir que mon mari a eu une brève liaison pendant que j'étais enceinte. Pourquoi a-t-il fait cela ? Jamais cela ne lui était arrivé auparavant.

Cette situation n'est pas rare. Si l'homme se sent menacé ou perturbé par la grossesse, il peut s'en libérer en faisant l'amour avec une autre femme. Votre mari s'est probablement senti :

• Menacé par la grossesse, la plus grande partie de l'attention étant maintenant focalisée sur la femme et son rôle de reproductrice.

• Épouvanté par les changements physiques de la grossesse. L'homme peut avoir l'impression inconsciente qu'on lui a « volé » le corps de sa partenaire.

• Effrayé d'avoir à partager sa partenaire avec le nouveau venu.

• Anxieux, en raison des responsabilités entraînées par la paternité.

Parlez à votre mari des raisons qui l'ont poussé à avoir une aventure et, si possible, essayez de les démonter une par une. Ne cachez pas vos émotions, mais exprimez vos sentiments, et essayez de tirer tous deux la leçon de cette période pénible et difficile (voir pages 24-27).

J'ai eu une aventure très romantique à chacune de mes deux grossesses, mais j'ai quitté

ces hommes aussitôt après la naissance. Pourquoi un tel comportement ?

La « sexualité de la grossesse », mélange d'excitation physique et d'abandon émotionnel, peut en avoir été la cause.

À moins que votre partenaire régulier ne refuse le sexe pendant votre grossesse ? La fin de ces deux situations, ajoutée à la fatigue de l'accouchement, peut expliquer votre rupture avec vos amants après la naissance de vos enfants.

conseils

Positions sexuelles pendant la grossesse

Vous devez faire preuve d'imagination pendant l'amour, à mesure que grossit votre ventre. Essayez diverses positions et profondeurs de pénétration et adoptez les plus adéquates. Évitez de peser sur vos seins et votre ventre.

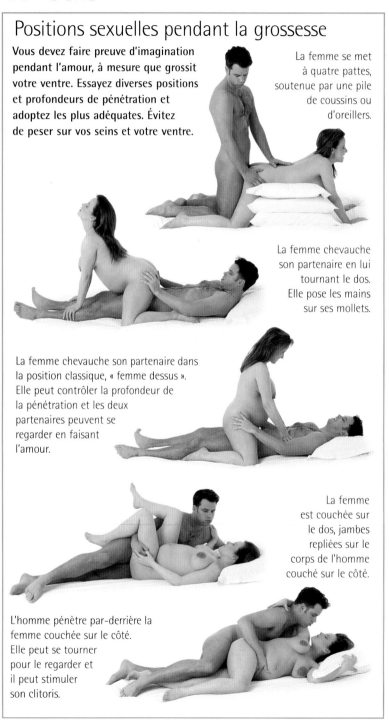

La femme se met à quatre pattes, soutenue par une pile de coussins ou d'oreillers.

La femme chevauche son partenaire en lui tournant le dos. Elle pose les mains sur ses mollets.

La femme chevauche son partenaire dans la position classique, « femme dessus ». Elle peut contrôler la profondeur de la pénétration et les deux partenaires peuvent se regarder en faisant l'amour.

La femme est couchée sur le dos, jambes repliées sur le corps de l'homme couché sur le côté.

L'homme pénètre par-derrière la femme couchée sur le côté. Elle peut se tourner pour le regarder et il peut stimuler son clitoris.

Ma partenaire est enceinte et nous avons des problèmes sexuels, mais il paraît qu'il vaut mieux laisser passer un certain temps après l'accouchement avant de commencer une sexothérapie. Pourquoi ?

Il serait très difficile de pratiquer correctement des exercices sexuels en fin de grossesse et pendant les premières semaines après l'accouchement. En outre, le corps de la femme subit trop de bouleversements hormonaux pendant la grossesse ce qui perturbe ses réponses sexuelles et affectives. Pour cette raison, il vaut mieux attendre jusqu'à ce que votre partenaire ait retrouvé son « moi » habituel et que vous ayez tous deux établi une routine avec le bébé.

Je suis enceinte et je n'ai pas du tout envie de faire l'amour pour l'instant. Puis-je le dire à mon mari ?

Oui, à condition de lui dire avec gentillesse et affection. La dernière chose dont votre mari a besoin pendant cette période difficile est de se sentir rejeté. Essayez de conserver votre intimité autrement que par l'acte sexuel, soyez romantique, embrassez, câlinez, tenez-vous la main, faites des compliments et partagez vos espoirs et vos peurs. Soyez tolérante si votre partenaire veut se masturber et, si vous en avez envie, offrez-lui de l'amener à l'orgasme avec vos mains ou votre bouche.

Les rapports sexuels sont-ils sans danger jusqu'à la fin de la grossesse ?

Pendant toute la grossesse, le bébé est protégé à l'intérieur du sac fœtal et le sexe n'est dangereux ni pour la femme, ni pour le bébé (évitez cependant le rapport sexuel après avoir perdu les eaux). Un très gros ventre peut rendre les mouvements difficiles pendant l'acte sexuel et certaines femmes préfèrent alors la masturbation mutuelle à la pénétration. Si l'homme est lourd, il doit éviter de se coucher sur l'abdomen de sa partenaire pendant l'amour.

Existe-t-il des positions sexuelles permettant de faciliter les rapports vers la fin de la grossesse ?

La position du missionnaire peut devenir difficile dès le quatrième mois et les positions par-derrière, côte à côte et femme dessus (si la femme a assez d'énergie) sont généralement plus confortables. Une bonne position pour le milieu de la grossesse est la position en ciseaux. La femme est couchée sur le dos et l'homme s'étend sur elle de biais, une jambe entre les siennes et l'autre à l'extérieur (d'où les ciseaux). Le corps de l'homme est en biais de façon à ce qu'il repose sur les hanches de la femme en pesant moins sur son abdomen. Cette position rend également plus facile la stimulation du clitoris par l'homme.

Des relations sexuelles à la fin de la grossesse peuvent-elles déclencher le travail ?

Le sperme contient des substances naturelles, les prostaglandines, qui peuvent provoquer des contractions utérines. Si votre partenaire éjacule dans votre vagin vers la fin de votre grossesse, il est possible qu'elles puissent aider à déclencher le travail. Mais ceci ne peut arriver que si votre bébé est presque prêt à naître.

Vais-je perdre ma libido après la naissance de mon bébé ? La grossesse a considérablement amélioré ma vie sexuelle.

Chaque femme est différente, mais il semble que pendant un certain temps après la naissance, en particulier si vous

étude d'un cas

« Il veut tout le temps faire l'amour, beaucoup plus souvent qu'avant ma grossesse. »

Jeanne, 26 ans

Je suis au sixième mois de grossesse et j'en suis très heureuse. J'aime toujours autant mon mari Nicolas, mais notre vie sexuelle ne le satisfait plus. Il veut tout le temps faire l'amour, beaucoup plus souvent qu'avant ma grossesse. Il semble très soucieux et n'accepte pas que mon corps change sans que je puisse le contrôler. Je n'ai plus la libido qui était la mienne, mais Nicolas ne veut pas le comprendre.

Nicolas, 26 ans

Je me suis toujours reposé sur Jeanne, affectivement. J'étais très déprimé quand je l'ai rencontrée et notre relation m'a permis de me tirer de cette dépression. Avec cette grossesse, je pense que Jeanne m'aime moins qu'autrefois et cela m'affole. Elle a perdu tout intérêt dans le sexe, j'ai l'impression que ma vie s'écroule. Si elle ne m'aime plus, je ne sais pas ce que je ferai.

Commentaire :

« *Nicolas vient d'une famille monoparentale. Son père est parti quand il avait six ans et, depuis l'adolescence, Nicolas a des problèmes de manque de confiance en soi et de dépression. Le futur bébé lui apparaît comme un rival, ce qui le rend très anxieux, cette anxiété se traduisant par un constant désir de faire l'amour. Nicolas doit admettre que l'amour peut se manifester de bien des façons et pas seulement par le sexe. Jeanne, de son côté, doit comprendre les raisons sous-jacentes des exigences de Nicolas et lui donner encore plus d'amour et d'affection pour le rassurer. Nicolas et Jeanne pourraient peut-être établir un compromis sexuel comportant des stimulations buccales et une masturbation mutuelle de temps à autre. Si Nicolas continue à souffrir d'anxiété constante, il pourrait demander un traitement à son médecin.* »

allaitez, le désir sexuel s'efface devant les sentiments maternels. La fatigue est courante aussi, en raison des exigences d'un bébé, et le sexe devient la dernière des priorités. Cela ne veut pas dire que vous refusez l'intimité avec votre partenaire mais que, un temps, vous n'êtes

simplement pas intéressée par le sexe. Je pense qu'il faut au moins un an au corps féminin pour retrouver une attitude « normale » en tous points, y compris le désir sexuel. Essayez de préserver votre intimité avec des relations sans pénétration et des massages.

les nouveaux parents

Quand les couples peuvent-ils reprendre leur vie sexuelle après avoir eu un bébé ?

L'avis officiel est d'attendre trois semaines après la naissance pour éviter les risques d'infection et donner au col de l'utérus et au vagin le temps de guérir, surtout si vous avez eu une épisiotomie (section de la vulve et des muscles du périnée pour empêcher les déchirures pendant l'accouchement). Les habitudes varient d'un pays à l'autre, cependant on peut conseiller aux couples d'attendre six semaines après la naissance avant de faire l'amour. Le mieux est de demander à votre médecin ce qu'il en pense, mais évitez définitivement les rapports sexuels tant que vous avez des pertes de sang (normales après l'accouchement).

Quand dois-je à nouveau utiliser une méthode de contraception ?

Vous devez utiliser une méthode de contraception dès que vous recommencez votre vie sexuelle. Même si vos règles ne sont pas revenues, l'ovulation peut quand même se produire en permettant la fécondation. L'allaitement est une méthode de contraception, mais elle n'est pas fiable à 100 %, surtout avec l'allaitement mixte.

Quel type de contraception dois-je utiliser ?

Demandez à votre médecin quel type de contraception vous convient le mieux. Votre choix sera influencé par certains facteurs, comme votre désir d'avoir d'autres enfants ou l'allaitement. Tant que vous allaitez, les méthodes de contraception « barrières », comme le préservatif ou les méthodes intra-utérines, tel le stérilet (voir pages 151-153), sont préférables aux méthodes hormonales, comme la pilule, qui peut interférer avec la production de lait.

J'ai peur que mon vagin se relâche après la naissance de mes deux enfants. Je suis inquiète des répercussions possibles sur ma vie sexuelle. Que puis-je faire ?

Le meilleur moyen d'augmenter la tonicité des muscles vaginaux est de pratiquer les exercices de Kegel (voir page 67) peu de temps après l'accouchement. Ils renforcent la musculature du vagin qui devient alors plus souple et capable de maintenir le pénis pendant le rapport, et de se contracter avec vigueur durant l'orgasme. Il suffit de repérer les muscles du plancher pelvien puis de faire une série d'exercices de contraction et de relâchement. L'intérêt de ces exercices est que personne ne s'aperçoit que vous les faites. Vous pouvez pratiquer en attendant le bus, au travail ou simplement chez vous.

Le vagin de ma partenaire me paraît trop serré après l'accouchement. J'ai l'impression qu'elle essaye de « m'empêcher d'entrer », bien qu'elle me dise le contraire. Que se passe-t-il ?

Si votre partenaire a subi un accouchement chirurgical, elle a peut-être été recousue maladroitement, ce qui a

Les faits

L'hormone oxytocine est produite à la fois pendant l'allaitement et l'orgasme. Au cours de l'allaitement, elle contribue à la relation mère-enfant, dans l'orgasme, à celle de la femme avec l'homme.

créé un problème. Cette explication est la plus simple et il vaut mieux demander à votre partenaire de se faire examiner par son gynécologue. Votre partenaire peut également être trop tendue pour permettre la pénétration. Vous pourriez l'aider à surmonter cette tension en recommençant très doucement les rapports sexuels, en la rassurant gentiment et en essayant de trouver la manière la plus confortable de faire l'amour. Vous pouvez aussi lui permettre de se relaxer en l'aidant à la maison par exemple. Il est très courant que les femmes se sentent stressées et débordées pendant les premiers mois du bébé. Une méthode de contraception totalement fiable aidera votre partenaire à surmonter sa peur du sexe si elle s'inquiète de se trouver à nouveau enceinte.

Je suis très embarrassée parce que l'allaitement m'excite sexuellement. Est-ce anormal ?

Pas du tout ; et au lieu d'être embarrassée, essayez de conserver cette excitation pour que vous en profitiez avec votre partenaire. Pourquoi ne pas ajouter le jeu de la tétée à vos ébats amoureux ? Si cela ne vous plaît pas, essayez d'aménager les horaires pour que vous puissiez parfois faire l'amour avec votre partenaire aussitôt après la tétée. Ce serait vraiment dommage d'abandonner l'allaitement simplement parce que vous ne pouvez accepter ce curieux orgasme supplémentaire !

À l'instant même où mon désir s'éveille, mon lait se met à couler. Que puis-je faire ?

Comme il n'y a pas grand-chose d'autre à faire, acceptez cet état de fait et utilisez-le dans vos ébats

amoureux. Sur un plan pratique, supprimez les chemises de nuit et étalez une serviette sur votre lit. Si vous avez peur de la réaction de votre partenaire, exprimez votre anxiété. Il aura ainsi l'occasion de vous dire que cela ne le gêne pas, ce qui sera très probablement la vérité. Essayez de continuer à faire l'amour malgré ce désagrément, pour que votre partenaire ne croie pas que vous le rejetez. Il est important de développer l'intimité avec votre ami maintenant pour que vous retrouviez

une vie sexuelle heureuse quand vous aurez fini d'allaiter et serez moins préoccupée par les exigences de la maternité. Rappelez-vous que les débordements de lait ne durent pas éternellement mais se produisent essentiellement au tout début de l'allaitement.

J'ai allaité pendant six mois et, pendant tout ce temps, je n'ai ressenti aucun désir sexuel. J'ai entendu dire que l'allaitement

pouvait vous détourner du sexe. Est-ce vrai ?
Pendant l'allaitement le corps produit une hormone, la prolactine, dont l'un des effets secondaires est de diminuer le désir sexuel. Soyez rassurée, dès que vous arrêterez d'allaiter, vos hormones et votre libido retrouveront leur état normal. De plus, même si votre libido est défaillante, vous êtes capable de ressentir un plaisir sexuel et d'avoir un orgasme, il vous faut simplement un peu de temps et de la patience.

Ma libido n'est pas revenue, même après l'arrêt de l'allaitement. Qu'est-ce qui ne va pas ?
Vous avez peut-être encore un taux élevé de prolactine (qui peut diminuer le désir sexuel). Demandez à votre médecin de faire une analyse de sang. Si le taux de prolactine est trop élevé, un traitement médicamenteux (bromocriptine) ressuscitera votre libido et ramènera votre taux d'hormones à la normale.

Notre bébé peut-il être dérangé par le bruit de nos ébats amoureux ? Il partage notre chambre.
Il est peu probable que votre bébé soit perturbé par ces bruits. Il est même possible qu'il trouve un certain réconfort à la routine créée par les murmures et les gémissements de l'amour. Il peut les percevoir comme un fond sonore. Je suppose que vous n'avez pas la même anxiété à propos de vos ronflements ou de vos éternuements, pourquoi donc vous inquiéter ? N'oubliez pas aussi que certains bébés peuvent dormir à poings fermés au milieu du bruit, surtout pendant la première partie de la nuit. Si vous êtes inhibée par la présence de votre bébé, mettez son berceau dans une autre pièce le temps de vos ébats amoureux.

Mon partenaire ne m'a pas touchée depuis que notre bébé est né. Nous faisions l'amour souvent, autrefois. Qu'est-il arrivé ?

Les hommes, comme les femmes, peuvent répondre à la naissance d'un enfant par toute une gamme d'émotions. Par exemple, votre partenaire s'inquiète peut-être à l'idée que la vie a cessé d'être amusante et qu'il a maintenant de nombreuses responsabilités. Son manque d'intérêt pour le sexe peut refléter un stress ou une dépression. À moins que le fait d'être devenu père ait changé son regard sur lui-même et sur vous en tant qu'êtres sexuels. Il peut s'identifier à son père et vous à sa mère, ce qui suffit à affecter son identité sexuelle. Essayez de laisser le bébé à votre mère pour un week-end pour qu'il se sente libéré des contraintes de la paternité. Aidez-le à affronter les sentiments sous-jacents à son refus du sexe et qui ont besoin de remonter à la surface. En le laissant exprimer ses sentiments de doute ou d'hostilité, il pourrait enfin progresser.

Pour que je puisse être excité avec ma partenaire, je dois l'imaginer en prostituée et non en mère de famille. Quel est mon problème ?

Qu'y a-t-il de mal à fantasmer si cela vous permet de faire l'amour avec votre partenaire ? Vous êtes en fait en train de résoudre de façon pratique les difficultés érotiques créées par son nouveau statut maternel. Ce n'est pas comme si elle allait allaiter et soigner des bébés pendant le reste de sa vie.

Depuis que notre bébé est né, mon ami exige constamment de faire l'amour et cela me stresse beaucoup. Que faire ?

conseils

Le sexe après l'accouchement

Vous devez accepter que votre vie sexuelle subisse quelques changements temporaires après la naissance de bébé. Ces conseils vous aideront à retrouver un équilibre sexuel :

• Si votre vagin n'est pas assez lubrifié, utilisez un gel ou une crème.
• Si vous êtes épuisé (ainsi que votre partenaire) par des nuits sans sommeil, n'espérez pas éprouver un appétit insatiable pour le sexe. Ne vous sentez pas coupable si vous n'en avez pas envie.
• L'intimité peut se contenter de baisers et de câlins.
• Gardez votre sens de l'humour surtout si les choses ne se passent pas comme vous l'espériez.

• Si les rapports sexuels vous font mal, dites-vous que cela va passer bientôt (mais consultez toujours un médecin si la douleur est intense).
• Ne vous inquiétez pas si vous n'éprouvez pas d'orgasme. Contentez-vous d'apprécier le plaisir sensuel de l'amour.
• Prenez rendez-vous pour faire l'amour, à l'heure de la sieste de bébé. Ne croyez pas l'ancien mythe qui veut que l'amour doit être spontané.
• Avoir un enfant peut améliorer la complicité entre les couples, vous pouvez être sûr que l'amour refera surface sous forme de relations sexuelles.

Votre partenaire considère sans doute votre bébé comme un rival tyrannique qui prend tout votre temps et toute votre attention. Cette sorte de réaction est très courante chez les hommes qui ont souffert d'une absence parentale dans leur petite enfance. Bien que les réactions de jalousie à l'âge adulte puissent paraître puériles, elles sont profondément ancrées et difficiles à éradiquer.
Votre partenaire a besoin d'être rassuré et vous devez avant tout lui montrer beaucoup d'attentions. Câlinez-le et dites-lui combien vous l'aimez. Soyez ferme cependant, si ses exigences sexuelles sont exagérées. Vous pourriez dire « J'adorerais mais pas maintenant, prenons rendez-vous pour plus tard ». Enfin, aidez-le à développer une relation avec son bébé. S'il traite le bébé comme une personne, au lieu de ne voir en lui que le symbole de sa carence affective, il cessera rapidement de le considérer comme un rival.

Maintenant que nous sommes parents, il est rare que nous trouvions le temps ou l'occasion de faire l'amour. Quelle est la solution ?

Beaucoup d'autres parents partagent ce souci avec vous. Suivez les conseils donnés page 14, pour les couples débordés.

êtes-vous compréhensif

Les enfants donnent une nouvelle dimension à une relation, toute de compréhension et de partage. Certains, prévenants de naissance, prévoient aussitôt les besoins de l'autre. D'autres doivent apprendre.

Votre partenaire manque d'assurance au lit parce qu'il (elle) a grossi. Vous :

☐ A L'embrassez de la tête aux pieds pour le (la) rassurer ?

☐ B Dites que vous le (la) trouvez aussi désirable qu'avant ?

☐ C Dites que son poids ne vous gêne pas ?

Votre partenaire a des problèmes à son travail et revient le soir tendu(e) et stressé(e). Vous :

☐ A Lui faites couler un bain chaud et lui frottez le dos pendant qu'il (elle) vous raconte ?

☐ B Offrez de discuter de ses problèmes ?

☐ C Le (la) laissez tranquille ?

Vous n'aimez pas la position sexuelle favorite de votre partenaire. Vous :

☐ A L'acceptez de toute façon ?

☐ B Lui accordez de temps à autre ?

☐ C Refusez cette position, excepté en de rares occasions ?

Votre partenaire a des difficultés à s'arrêter de fumer. Vous :

☐ A Le (la) gâtez sexuellement à la fin de chaque semaine sans cigarettes ?

☐ B Lui demandez sans arrêt comment ça va ?

☐ C Restez en dehors, c'est son propre combat ?

Votre partenaire dit qu'il (elle) s'inquiète de vous voir trouver un(e) ami(e) mutuel(le) un peu trop à votre goût. Vous :

☐ A Le rassurez et affirmez qu'il (elle) est le (la) seul(e) à compter pour vous ?

☐ B Lui dites de ne pas être ridicule, qu'il n'a pas à s'inquiéter ?

☐ C Appréciez secrètement son anxiété, c'est flatteur ?

La libido de votre partenaire a été plutôt défaillante récemment. Vous :

☐ A Lui montrez votre amour par des caresses sensuelles et notez ses réponses ?

☐ B Abordez doucement le sujet du sexe et voyez si votre partenaire veut en parler ?

☐ C Vous sentez rejeté(e) et avouez votre détresse à votre partenaire ?

Votre partenaire est physiquement exténué(e) mais vous avez envie de sortir. Vous :

A Lui faites un long massage relaxant et suggérez d'aller vous coucher tôt, votre sortie peut attendre ?

B Restez avec votre partenaire, mais vous êtes déçu(e) ?

C Téléphonez à vos amis pour voir si l'un deux peut vous accompagner ?

Votre partenaire fête toujours votre anniversaire mais vous rappelez-vous le sien :

A Toujours, vous adorez lui faire une surprise ?

B La plupart du temps, généralement vous sortez dîner ensemble ?

C Rarement, vous avez généralement besoin d'un pense-bête ?

Votre partenaire a du mal à atteindre l'orgasme. Vous :

A Trouvez des solutions ensemble, physiques et affectives ?

B Lui dites que vous serez patient(e) en espérant que cela s'arrange ?

C Trouvez dur d'en parler ?

Votre partenaire est préoccupé(e) depuis quelque temps. Vous :

A Êtes attentionné(e) et consacrez du temps à l'écouter ?

B Lui demandez quel est le problème ?

C Ignorez le problème en espérant qu'il (elle) s'en sorte rapidement ?

Votre partenaire s'est disputé(e) avec sa famille. Vous :

A L'écoutez avec sympathie et essayez de l'aider sur un plan pratique ?

B Écoutez avec une attitude impartiale ?

C Préférez rester en dehors ?

Votre partenaire se débarrasse à toute vitesse des préliminaires. Vous :

A Lui montrez l'exemple en stimulant et caressant longtemps diverses parties de son corps ?

B Lui demandez de ralentir un peu ?

C Vous plaignez qu'il (elle) est trop rapide pour vous ?

Si vous voulez faire l'amour et que votre partenaire ne veut pas, vous :

A Faites un câlin et vous couchez tôt en vous blottissant contre lui ?

B Faites un câlin mais encouragez votre partenaire à changer d'avis ?

C Vous couchez de votre côté du lit, plutôt vexé(e) ?

RÉPONSES

A majoritaires. Vous êtes un(e) amant(e) très prévenant(e). Vous envisagez votre relation de façon très saine et vous êtes toujours là quand votre partenaire a besoin de vous. Vous savez exprimer votre amour à la fois sexuellement et verbalement, ce qui permet une relation très heureuse qui rassure votre partenaire. Attention cependant : vous avez raison d'être aussi compréhensif(ve), mais vous ne devez pas négliger vos propres besoins.

B majoritaires. Vous aimez beaucoup votre partenaire et vous vous intéressez aux problèmes qu'il peut avoir. Vous êtes prête à lui donner votre aide, mais il (elle) aimerait quelquefois que vous l'aidiez de façon plus active. Un petit effort supplémentaire lui montrerait que votre relation compte beaucoup pour vous et que les difficultés peuvent être surmontées à deux.

C majoritaires. Bien que je sois sûre que vous aimiez votre partenaire, vous ne montrez pas assez d'intérêt pour ses besoins propres. Essayez d'être plus attentif(ve) à ses problèmes. Peut-être ne voulez-vous pas admettre que ces problèmes existent ou bien vous manquez de confiance en vos capacités à les résoudre. Ou encore, vous ne réalisez pas que votre comportement peut être interprété comme de l'indifférence. N'ayez pas peur de montrer à votre partenaire combien vous l'aimez, votre relation en sortira plus forte.

remettre en question sa sexualité

Certains se sentent sûrs de leur sexualité, homo ou hétérosexuelle, dès l'enfance ou l'adolescence. D'autres n'acceptent leur orientation sexuelle que plus tard dans leur vie. D'autres encore ont besoin de faire des expériences pour la découvrir.

explorer sa sexualité

Est-ce vrai que personne n'est à 100 % homo ou hétérosexuel ?

Alfred Kinsey, le célèbre sexologue, affirme dans son échelle des orientations sexuelles que la sexualité peut être évaluée à un niveau donné entre l'hétérosexualité pure et l'homosexualité en passant par la bisexualité. D'après ce rapport, il existe des individus qui sont réellement 100 % homosexuels ou hétérosexuels.

Est-il bon de faire des expériences avec les deux sexes avant de décider de ma sexualité ?

Oui, mais avant de vous embarquer dans des expériences sexuelles sérieuses, il vaut mieux analyser vos sentiments de façon à éviter de blesser ou d'être blessé. Êtes-vous intéressé par l'idée de rapports homosexuels ? Avez-vous l'impression de passer à côté d'une tendance sexuelle ? L'homosexualité vous paraît-elle une façon tentante d'échapper à des relations hétérosexuelles désastreuses ?

Êtes-vous depuis longtemps attiré par les individus de votre propre sexe ? Soyez clair sur vos motivations avant de commencer, sans oublier qu'à certaines époques de la vie, comme à l'adolescence ou à la rupture d'une relation, ces motivations risquent de ne pas être très nettes.

Comment savoir si vous êtes homosexuel ?

Certaines personnes savent instinctivement qu'elles sont homosexuelles. Ces personnes ne sont généralement attirées sexuellement que par le même sexe, tout en étant indifférentes ou même dégoûtées à l'idée de relations avec le sexe opposé. D'autres découvrent leur homosexualité par un processus d'essais.

En quoi le sexe homo diffère-t-il du sexe hétéro, en dehors du fait qu'il n'existe pas de relation pénis/vagin ?

À l'évidence, l'acte sexuel homo est conditionné par le pénis, et l'acte sexuel lesbien se concentre généralement sur le clitoris. Cependant, au cours de leurs recherches, les sexologues Masters et Johnson notèrent une autre différence importante entre sexe homosexuel et sexe hétérosexuel. Les homosexuels masculins passeraient de longues heures à stimuler diverses régions du corps, en privilégiant les bouts de sein, avec pour résultat un orgasme puissant et intense. Par comparaison, les couples hétérosexuels auraient tendance à accorder moins d'importance au corps et, en conséquence, leur orgasme serait moins intense.

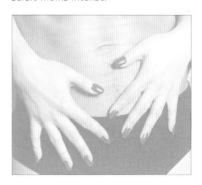

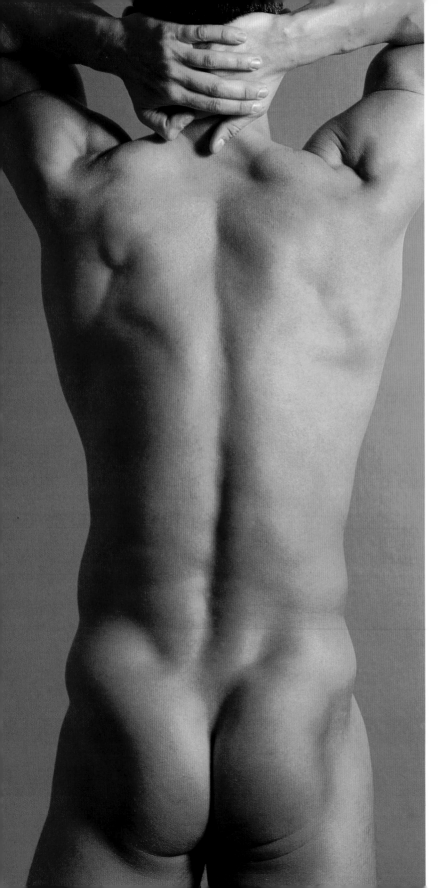

Je fantasme sur mes amis de même sexe. Cela signifie-t-il que je suis homo ou bisexuel ?

C'est possible, mais cela peut aussi indiquer une imagination sexuelle fertile. Vous pouvez fantasmer sur n'importe qui sans que cela soit pour autant le véritable reflet de vos désirs ou préférences sexuelles. Les recherches des sexologues Masters et Johnson ont montré que certains hommes « gay » fantasment sur des femmes hétérosexuelles, tout en restant définitivement homosexuels.

Je suis déprimé parce que je crois qu'il se pourrait que je sois homo. Que puis-je faire ?

Vous pouvez soigner votre dépression avec des médicaments et des séances chez un psychologue. Ce que vous ne pouvez pas faire cependant, c'est d'éliminer l'éventualité de votre homosexualité ; de même qu'il existe des hétérosexuels, il existe des homosexuels. L'homosexualité ne se « guérit » pas, tout simplement parce qu'elle n'a pas besoin d'être guérie. Le temps vous dira si vous êtes réellement « gay ». Dans ce cas, la meilleure chose à faire est d'accepter votre sexualité comme un élément positif de votre identité. Parlez avec un psychologue spécialisé pour trouver ce qui vous convient.

J'ai 29 ans, je suis mariée et l'heureuse maman de deux enfants, mais je suis très attirée depuis peu par une femme. Qu'est-ce que cela signifie ?

Cela peut signifier plusieurs choses, de la passion passagère au désir d'être intime avec quelqu'un que vous respectez et admirez, ou à la découverte de votre vraie sexualité bisexuelle ou lesbienne. Toutes les femmes ne découvrent pas leur identité sexuelle à l'adolescence et il faut parfois un certain temps et la sécurité du mariage pour permettre aux sentiments homosexuels de se révéler. Il est prudent d'attendre pour changer quoi que ce soit dans votre vie que vous commenciez à mieux comprendre vos sentiments.

Je crois que je suis bisexuel, et mes amis « gay » me disent que je suis assis entre deux chaises. Cela peut-il être vrai ?

Les recherches montrent que la bisexualité, loin d'être un compromis, est un choix sexuel véritable et légitime. Les études des sexologues Masters et Johnson sur l'homosexualité révèlent un groupe distinct de bisexuels, dont beaucoup sont classés exactement à 50/50 dans leur orientation sexuelle. Je pense que quiconque éprouve un intérêt sexuel pour les deux sexes peut être considéré comme bisexuel.

Je pense qu'il se pourrait que je sois homosexuel, mais je n'ai jamais eu de relations. Comment puis-je en trouver une ?

Si vous vivez isolé à la campagne ou dans une petite ville, cela peut être difficile. Une façon de prendre contact avec d'autres homosexuels est de répondre aux annonces des magazines spécialisés ou des sites spécialisés sur Internet (ou mettre une annonce vous-même), ou demander conseil à un numéro de téléphone « gay ». Les hommes et femmes homosexuels préfèrent généralement les grandes villes où il est plus facile de se rencontrer. La plupart de ces villes ont des activités spécifiques, clubs, bars et cafés.

Si un homme aime s'habiller en femme, risque-t-il de devenir homosexuel ?

Certainement pas. De nombreux travestis sont hétérosexuels et satisfaits de leur sexualité, mais avec une prédilection fétichiste pour les vêtements féminins. Ils sont souvent motivés par une association érotique puissante, et datant de l'enfance, entre les vêtements féminins et le désir sexuel. Certains trouvent réconfort et détente à se déguiser parce qu'ils se déchargent ainsi des responsabilités masculines. Il arrive que des travestis se déguisent ouvertement en face de leur femme ou leur amie, d'autres le font en secret.

Qu'est-ce que cela signifie si...

mon partenaire a eu autrefois une expérience homosexuelle ?

• Il (elle) a traversé alors une période d'expérimentation sexuelle, comme beaucoup d'autres personnes, et a choisi maintenant d'avoir une vie et des relations hétérosexuelles.

• Il (elle) a des tendances bisexuelles mais une préférence très nette pour le sexe opposé et est parfaitement capable de s'installer dans une relation hétérosexuelle.

• Il (elle) est bisexuel(le) et peut être attiré(e) par les deux sexes, ce qui n'empêche pas une relation sérieuse avec vous.

Je me travestis depuis des années en cachette. Devrais-je en parler à ma femme ?

Vous devez considérer les trois points suivants :

• Votre besoin compulsif de vous travestir est-il si fort que votre femme risque de le découvrir par accident ?

• Votre femme serait-elle réceptive si vous abordez le sujet ?

• Qu'êtes-vous prêt à perdre, si vous lui dites et que cela se passe mal ? Si vous décidez de vous confesser, il faudra que vous rassuriez votre femme en lui disant que vous restez hétérosexuel et que vous la trouvez toujours aussi désirable (mais à condition que cela soit vrai...). Il faudra certainement que vous la rassuriez longuement. N'oubliez pas également que, dans l'éventualité d'une séparation et d'un divorce, le juge risque d'avoir des préjugés contre les travestis, au moment où il s'agira de décider de la garde des enfants.

êtes-vous
homosexuel(le) ?

Il est naturel que les relations sexuelles avec quelqu'un du même sexe éveillent la curiosité, mais certaines personnes sont plus disposées que d'autres à concrétiser cette curiosité.

Avez-vous déjà échangé un baiser avec quelqu'un du même sexe ?

☐ A Oui.

☐ B Une fois, mais seulement pour rire.

☐ C Jamais.

Avez-vous déjà été amoureux(se) d'un professeur de votre sexe ?

☐ A Oui, absolument.

☐ B Peut-être, mais vous n'êtes pas sûr(e) que vos sentiments étaient sexuels.

☐ C Certainement pas.

Votre partenaire vous suggère une partie à trois avec quelqu'un de votre sexe. Vous :

☐ A Sautez sur l'occasion ?

☐ B Pensez que cela peut être intéressant ?

☐ C Pensez que c'est une mauvaise idée et vous dites non ?

À une soirée bien arrosée, un ami vous parie que vous êtes incapable de caresser votre meilleur(e) ami(e) (du même sexe). Vous :

☐ A Appréciez les caresses et prenez l'argent ?

☐ B Caressez votre ami(e) en vous sentant légèrement dégoûté(e) ?

☐ C Perdez le pari ?

Un acteur (une actrice) sexy (de votre propre sexe) figure dans un film à la télé. Vous :

☐ A Attendez avec impatience les scènes de sexe ?

☐ B Appréciez davantage le film ?

☐ C L'admirez, sans plus ?

Un groupe comprenant un(e) stripteaseur(euse) de votre sexe entre dans le club où vous vous trouvez. Vous :

☐ A Appréciez le spectacle et le (la) stripteaseur(euse)

☐ B Regardez avec curiosité ?

☐ C Êtes embarrassé(e) et vous vous détournez ?

Vous êtes attiré(e) par un(e) nouveau (nouvelle) collègue de travail du même sexe. Vous :

A Flirtez ouvertement ?

B L'admirez de loin ?

C Êtes sûr(e) que vos sentiments n'ont rien de sexuel ?

Une scène gay/lesbienne apparaît soudain à la télé. Vous :

A Regardez tout à coup avec attention ?

B Montrez quelque intérêt ?

C Changez de chaîne ?

Une personne du même sexe flirte avec vous. Vous êtes :

A Intéressé(e) et ouvert(e) à toutes suggestions ?

B Flatté(e) mais nerveux(se) ?

C Impassible ?

Quand vous pensez au sexe homosexuel, vous vous dites que :

A C'est parfaitement naturel ?

B Ça marche pour certaines personnes ?

C Il est difficile de comprendre pourquoi deux personnes du même sexe peuvent être attirées l'une par l'autre ?

Un(e) ami(e) du même sexe veut toujours vous toucher. Vous :

A Répondez à ses effleurements et vous demandez si c'est une provocation ?

B Appréciez son style amical ?

C Voulez qu'il (elle) arrête ?

Un(e) ami(e) du même sexe porte une nouvelle tenue très sexy. Vous :

A L'admirez ouvertement ?

B L'admirez sans rien dire ?

C Ne faites pas attention ?

Un(e) ami(e) du même sexe vient de faire un rêve érotique à votre sujet.

A Vous êtes très excité(e) ?

B Vous évitez d'en parler ?

C Ça ne vous plaît pas ?

Quand vous êtes sous la douche, à la salle de sports, vous :

A Appréciez la vue des corps nus ?

B Remarquez la nudité, mais ne vous y arrêtez pas ?

C Ne faites pas attention, la nudité ne vous intéresse pas ?

RÉPONSES

A majoritaires. Vous n'avez aucune inhibition et quand quelqu'un de votre sexe vous intéresse, vous le montrez sans complexe. Peut-être avez-vous déjà décidé que vous êtes bi-sexuel(le) ou bien ne ressentez-vous pas le besoin de mettre une étiquette sur votre sexua-lité, vous êtes parfois attiré(e) par votre propre sexe, parfois par le sexe opposé. Continuez à avoir cette attitude ouverte envers le sexe mais, attention, tout le monde n'est pas aussi libéré que vous l'êtes.

B majoritaires. Comme beau-coup de gens, vous avez sans doute une curiosité latente envers l'homosexualité, mais insuffisante pour agir. Si une occasion se présentait et que vous soyez d'humeur adéquate, vous pourriez envisager quel-ques expériences, mais sans les rechercher activement. Vous trouvez que vos fantas-mes occasionnels sont suffisam-ment stimulants. D'un autre côté, si vous voulez explorer votre sexualité de façon plus dynamique, vous devriez vous sentir libre de le faire.

C majoritaires. Vous avez une idée très nette de votre sexualité et les rencontres homosexuelles n'ont aucun rôle à jouer dans votre vie sexuelle. Peut-être autrefois avez-vous remis en question votre sexualité et décidé que vous étiez définitivement hétérosexuel(le), ou peut-être n'avez-vous jamais été attiré par l'homosexualité. C'est bien d'être si sûr(e) de votre sexua-lité, vous faites simplement les choix qui vous conviennent, tout en respectant le choix des autres.

votre santé sexuelle

En tant qu'individus nous connaissons mieux aujourd'hui les mystères de la fécondité et de la santé sexuelle. Nous pouvons donc tous prendre la responsabilité d'éviter une grossesse non désirée et des maladies sexuellement transmissibles (MST).

la contraception

Quel est le contraceptif le plus fiable pour éviter d'être enceinte ?

Les méthodes de contraception hormonales comme la pilule combinée sont les formes les plus efficaces de contrôle des naissances. Si elle est utilisée correctement, la pilule combinée est fiable à 99 %. Elle contient des œstrogènes et des progestatifs (version synthétique de l'hormone naturelle, la progestérone) et agit en empêchant l'ovulation à chaque cycle menstruel. D'autres méthodes hormonales de contraception comportant des implants et des injections sont fiables à presque 100 % (demandez à votre médecin si ces méthodes vous conviennent). Le stérilet (dispositif intra-utérin ou DIU) est aussi très efficace (98 à 99 %). Il agit en empêchant l'implantation de l'œuf fécondé dans la paroi de l'utérus. Un autre type de DIU, le stérilet à la progestérone, est encore plus efficace (près de 100 %). Les méthodes de contraception hormonales offrent

cependant l'inconvénient de ne pas protéger des MST.

Je prends la pilule depuis des années et commence à être fatiguée d'avaler des hormones tous les jours. Quelles sont les autres possibilités, à part le préservatif, que refuse mon partenaire ?

Les méthodes de contraception « barrière », ainsi que le diaphragme et le préservatif féminin, peuvent remplacer les contraceptifs hormo-

naux. Le diaphragme offre de nombreux avantages, vous l'insérez seulement quand vous voulez faire l'amour, ni vous, ni votre partenaire ne le sentez pendant l'acte sexuel et il n'offre aucun risque pour votre santé. Au départ, le diaphragme doit être adapté à la taille exacte de votre vagin par un gynécologue. Utilisez toujours un spermicide avec un diaphragme.

Le préservatif féminin offre l'avantage de pouvoir être acheté chez le pharmacien, vous le mettez avant de faire l'amour, au moment qui vous convient et le retirez de même. Le préservatif féminin est plus cher que les autres types de contraception et il est important qu'il soit utilisé correctement, en vous assurant par exemple que le pénis de l'homme le pénètre bien, sans glisser entre le préservatif et la paroi du vagin. Le DIU et les méthodes naturelles sont d'autres méthodes de contraception, demandez à votre gynécologue si elles vous conviennent.

Une amie m'a dit que je ne peux pas prendre la pilule parce que j'ai plus de 35 ans et que je fume. Est-ce vrai ?

L'association plus de 35 ans + pilule + tabac, augmente le risque de thrombose (formation d'un caillot de sang) et d'hypertension qui, l'une comme l'autre, peuvent sérieusement mettre votre santé en danger. Cependant, ceci ne s'applique qu'à la pilule combinée et non à la pilule progestative. Si vous voulez prendre une pilule progestative, vous devez en parler à votre médecin.

Je n'ai pas de partenaire régulier et quand je fais l'amour avec quelqu'un, il est indispensable que je ne tombe pas enceinte. Quel contraceptif dois-je utiliser ?

Si vous avez des aventures occasionnelles, il est aussi important de vous protéger contre les maladies sexuellement transmissibles que contre une grossesse. Pour cela, vous devez utiliser un préservatif masculin ou féminin, chaque fois que vous pratiquez l'acte sexuel. Les préservatifs sont une méthode fiable de contraception, mais

conseils

Les principaux types de contraceptifs

Les principaux types de contraceptifs sont les procédés « barrière », préservatifs et diaphragmes, les méthodes hormonales, pilules, implants et injections, et les méthodes mécaniques comme le stérilet. Consultez votre gynécologue pour connaître la méthode la mieux adaptée à vos besoins.

• Préservatif masculin : la méthode la plus populaire. Elle consiste en un étui de latex ou de polyuréthane qui se déroule sur le pénis avant le rapport et se jette ensuite. Utilisé correctement, le préservatif est fiable à 98 %.

• Préservatif féminin : en forme de tube lâche, cette protection est insérée dans le vagin avant le rapport et jetée ensuite. Il est efficace à 95 %.

• Pilule combinée : principale forme de la pilule contraceptive, elle contient des progestatifs et des œstrogènes. Prise correctement elle est fiable à 99 %.

• Pilule progestative : convient aux fumeuses, aux femmes de plus de 40 ans et à celles qui ne peuvent pas prendre d'œstrogènes. Un peu moins fiable que la pilule combinée.

• DIU (dispositif intra-utérin) : petit dispositif en plastique entouré d'un mince fil de cuivre et inséré dans l'utérus par un médecin pour plusieurs années (efficace à 99 %). Il existe un DIU à la progestérone dont l'efficacité frôle les 100 %.

• Diaphragme : dispositif en caoutchouc qui recouvre le col de l'utérus. Il contient un spermicide, est inséré avant le rapport et retiré plusieurs heures après. Utilisé correctement, il est efficace à 92-96 %.

• D'autres méthodes hormonales, injections et implants, sont des méthodes extrêmement efficaces (plus de 99 %) mais moins populaires que les hormones sous forme de pilule. Elles doivent être administrées par un médecin.

si vous voulez être totalement protégée, envisagez une contraception supplémentaire comme la pilule. Parlez des avantages et des inconvénients de chaque méthode avec votre médecin.

J'attends mon troisième enfant et je suis sûre de ne pas en vouloir d'autre. Quelle est la meilleure méthode de contraception après la naissance de mon bébé ?

Le stérilet est souvent choisi par les femmes qui ne veulent plus d'enfants parce qu'il offre une méthode contraceptive à long terme et peut être virtuellement oublié une fois en place. Dans certains pays, les femmes peuvent choisir la stérilisation comme méthode permanente de contraception mais, comme elle est difficile ou impossible à inverser, il faut être sûre de ne pas vouloir d'autres enfants. N'oubliez pas également, si vous allaitez, que certaines méthodes de contraception, comme la pilule combinée, ne conviennent pas.

J'aimerais pouvoir contrôler ma fertilité de manière naturelle. Quelles sont les méthodes possibles et sont-elles fiables ?

Les méthodes naturelles de contraception sont beaucoup moins fiables que toutes les autres. Le taux d'échecs varie selon la méthode utilisée, mais il peut atteindre 30 %. La plus inefficace est celle du retrait (également connue sous le nom de coït interrompu), l'homme se retirant du vagin avant d'éjaculer. Les méthodes naturelles ne réussissent que si vous êtes parfaitement familiarisée avec votre cycle menstruel, de façon à pouvoir identifier l'ovulation. Vous pratiquez alors l'abstinence pendant plusieurs jours avant et après l'ovulation (vous pouvez aussi utiliser pendant cette période un contraceptif « barrière »

étude d'un cas

« J'ai peur de laisser mon mari s'approcher. »

Alice, 33 ans

Je dois être une de ces femmes auxquelles il suffit d'un regard pour être enceinte. J'ai tout essayé en matière de contraception. J'ai réussi à être enceinte une fois alors que j'utilisais un diaphragme, deux fois avec des préservatifs et une fois avec un stérilet. J'ai donc maintenant quatre enfants et un énorme complexe quant aux relations sexuelles. J'ai peur de laisser mon mari s'approcher. C'est très dur pour lui et je crains qu'il se détourne de moi. Les rares fois où nous faisons l'amour, je suis si tendue et mal à l'aise que je ne ressens aucun plaisir et pas le moindre orgasme.

Commentaire :

« La peur de concevoir peut tuer le désir sexuel et le plaisir. Il arrive souvent que cette peur fasse surface sous forme d'un problème sexuel. La femme est anxieuse et ne ressent plus de désir, sans pouvoir identifier les raisons sous-jacentes de ce manque d'intérêt. Dans le cas d'Alice, la solution semble relativement simple. Son partenaire pourrait choisir une vasectomie ou elle-même une stérilisation. L'opération (illégale en France mais pratiquée au Canada) consiste en une microchirurgie, le chirurgien cautérisant ou ligaturant les trombes de Fallope. Quand les trompes sont ligaturées, l'ovule ne peut plus les parcourir et la conception n'a pas lieu. »

comme le préservatif). Les sociétés pharmaceutiques ont inventé des appareils pour repérer plus facilement l'ovulation. L'un d'eux, électronique, indique le taux d'hormones des urines et les jours où vous êtes féconde. Chaque jour, il affiche une lumière verte ou rouge indiquant s'il est dangereux ou non d'avoir des rapports non protégés.

Comment agit la pilule du lendemain ?

La pilule du lendemain est une forme de contraception de l'urgence qui peut être prise jusqu'à 72 heures après un rapport sexuel non protégé. Elle apporte à la femme une forte dose d'hormones qui empêche l'implantation de l'œuf fécondé dans l'utérus, en admettant que la conception ait eu lieu.

Une autre forme de contraception de l'urgence est le stérilet qui peut être inséré par un médecin jusqu'à cinq jours après le rapport non protégé. Là encore, le procédé agit en empêchant l'implantation de l'œuf fécondé dans l'utérus.

le sexe sans danger

Quels sont les principaux dangers des rapports non protégés ?

Si vous ne vous protégez pas, vous risquez d'attraper le virus VIH du sida ou d'autres maladies sexuellement transmissibles, verrues génitales, herpès, blennorragie, syphilis, chlamydia, trichomonas et hépatite B. Les MST virales comme le sida et l'herpès peuvent être soulagées mais sont difficiles à guérir. Certaines MST peuvent provoquer des dommages à long terme. Les complications du chlamydia, par exemple, aboutissent à la stérilité. Les rapports sexuels non protégés peuvent également conduire à une grossesse non désirée.

Quelles sont les implications des rapports protégés ?

Le terme « rapports protégés » se rapporte aux pratiques sexuelles ayant peu de risques de transmettre le virus VIH. Les rapports protégés minimisent le risque d'attraper d'autres MST. Ils sont conçus pour éviter l'échange des sécrétions vaginales et du sperme, qui est le plus sûr moyen de transmettre le virus. Les deux pratiques les plus sûres sont l'usage du préservatif pendant la pénétration (anale ou vaginale) et le sexe sans pénétration.

Comment remplacer sans risques l'acte sexuel ?

Fantasmes et masturbation sont des formes sans danger de sexe sans pénétration. Vous pouvez, avec votre partenaire, décrire vos fantasmes sexuels tout en vous masturbant. Vous pouvez utiliser des vibromasseurs, à condition de ne pas les échanger. Ou encore pratiquer les stimulations buccales avec un préservatif. Le massage du corps est une autre

possibilité d'intimité sexuelle, si vous refusez tout échange de fluides corporels ; par exemple, vous devrez éviter d'éjaculer sur une blessure de la peau.

Je sais que je devrais faire l'amour en mettant un préservatif mais, dans ce cas, mon pénis n'est pas assez stimulé. Que pourrais-je faire ?

Essayez plusieurs marques de préservatifs. Si les préservatifs traditionnels en latex ne vous conviennent pas, essayez ceux en polyuréthane qui sont beaucoup plus fins. Vous pourriez aussi demander à votre partenaire de porter un préservatif féminin. Prolongez également les préliminaires érotiques de façon à être très excité avant de mettre un préservatif.

Le pénis de mon partenaire perd de sa rigidité quand je lui mets un préservatif. Est-ce que je m'y prends mal ?

C'est très courant et la meilleure façon d'y remédier est de rendre les préservatifs sexy. Commencez par un massage génital se transformant en masturbation. Puis, tout en masturbant votre partenaire, glissez le préservatif enroulé sur l'extrémité du pénis avec l'autre main (n'oubliez pas de le pincer pour en évacuer l'air). Continuez à masturber votre partenaire, tout en déroulant le préservatif sur la verge. Vous pouvez aussi prendre le préservatif dans la bouche et le mettre en faisant une stimulation buccale, méthode thaïlandaise.

Nous sommes vierges, mon partenaire et moi-même. Est-il nécessaire d'utiliser des préservatifs ?

Si vous êtes sûrs de ne pas avoir été exposés au VIH autrement que sexuel-

conseils

Pose du préservatif

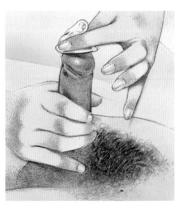

1. Posez le préservatif non déroulé sur l'extrémité du pénis. Pincez le haut pour évacuer l'air.

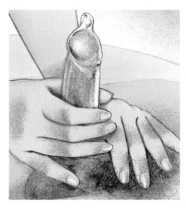

2. Déroulez le préservatif sur la longueur de la verge pour que le rebord se trouve à la base du pénis.

précisions

Sexe et transmission du VIH

Les différentes pratiques sexuelles entraînent divers degrés de risque. Pour être totalement tranquilles, vous devez éviter tout échange de fluides corporels.

Pratiques à risques :
- Pénétration vaginale sans protection.
- Pénétration anale avec ou sans préservatif adéquat.
- Toute activité sexuelle qui fait saigner, accidentellement ou délibérément.
- Partage d'aides sexuelles pénétrantes comme les vibromasseurs.
- Fellation non protégée, surtout avec orgasme.
- Léchage ou baisers de l'anus.
- Glisser doigts ou main dans l'anus.
- Baisers sur la bouche, avec des gencives qui saignent ou un herpès.

Pratiques moins risquées :
- Pénétration vaginale avec capote.
- Activités sexuelles avec émission d'urine.
- Cunnilingus avec diaphragme en latex
- Fellation avec capote.

Pratiques sans risques :
- Baisers sur les lèvres « à sec ».
- Sécrétions vaginales ou sperme en contact avec une peau intacte.
- Automasturbation.
- Câlins et caresses.

---

lement, le préservatif n'est pas essentiel. Vous pouvez être contaminés par une transfusion de sang infecté ou par une injection faite avec une aiguille mal stérilisée. Les bébés peuvent être infectés par une mère séropositive avant ou pendant la naissance, ou par l'allaitement. En admettant que ni l'un ni l'autre vous ne soyez infectés par le VIH, vous devez encore considérer le risque d'une grossesse non désirée et aborder le sujet des méthodes contraceptives avec votre médecin. Et il faut aussi que vous soyez parfaitement sûrs d'être tous les deux, dans le futur, totalement monogames.

Comment aborder le sujet des préservatifs avec un nouveau partenaire ?

Vous pourriez dire : « Je ne suis réellement tranquille qu'avec un préservatif. Et toi ? » Si, après en avoir discuté, votre nouveau partenaire refuse d'utiliser des préservatifs, vous pourriez dire : « J'aimerais beaucoup faire l'amour avec toi, mais j'attache tant d'importance aux rapports protégés que je préfère m'abstenir. Pourquoi ne pas simplement rester bons amis ? »

La stimulation buccale est-elle sûre ?

Pas totalement, parce que les sécrétions vaginales et le sperme sont en contact avec la peau et les muqueuses de la bouche. Si ces muqueuses sont irritées (aphtes ou gencives qui saignent, par exemple), le VIH peut entrer dans le corps par le sperme ou par les sécrétions vaginales infectés. La stimulation buccale sera plus sûre avec un préservatif (fellation) et un diaphragme en latex (cunnilingus).

La masturbation mutuelle est-elle sans danger ?

Elle devrait être sans risques si :
- Vous n'avez ni coupures ni éraflures sur les mains et les doigts.
- Vous n'avez ni coupures ni éraflures sur les parties génitales.
- Sécrétions vaginales et sperme ne sont pas en contact avec une éraflure de la peau, où qu'elle se trouve.

Les homosexuels sont-ils les seuls à être infectés par le VIH ?

Aucunement. Cette idée fausse est apparue en Occident parce que les premiers cas de sida, au début des années 1980, se trouvaient dans la communauté homosexuelle. Depuis, le VIH a frappé aussi bien les hétérosexuels que les homosexuels. En Afrique, où des millions de gens sont infectés, la majorité sont hétérosexuels.

maladies sexuellement transmissibles

J'ai très peur d'attraper une maladie sexuellement transmissible (MST). Comment puis-je me protéger ?

La seule protection absolument sûre est l'abstinence. Votre meilleure option est de vous en tenir à un seul partenaire, parfaitement sain (du moins, à votre connaissance). Vous pourriez aussi pratiquer les rapports protégés (voir pages 154-155), ce qui veut dire utiliser des préservatifs chaque fois que vous faites l'amour (avec pénétration ou non). Vous devez être vigilant pour noter les signes possibles d'infection chez un partenaire, pertes inhabituelles, odeurs, irritations génitales, gonflements ou démangeaisons ; en cas de doute, évitez les relations sexuelles. Bien sûr, vous pouvez aussi aborder le sujet directement, en questionnant votre partenaire.

Comment puis-je aborder le sujet de la santé sexuelle avec mon nouveau petit ami ?

Commencez par lui révéler la vôtre. Par exemple, vous pourriez dire : « Je pense que je devrais te dire que je souffre de temps en temps de trichomonas. Pour l'instant, ça va et tu ne risques pas d'être infecté. » Et vous pourriez continuer en disant : « Et toi ? » Avec un peu d'espoir, une approche franche devrait entraîner une réponse franche.

Comment savoir si j'ai attrapé une maladie sexuellement transmissible ?

Les signes des MST courantes comprennent des pertes vaginales ou péniennes, ulcérations, gonflements, irritations autour des parties génitales, du périnée et de l'anus, émissions d'urine doulou-

reuses et parfois de la fièvre. Certaines MST comme la chlamydia et la blennorragie sont difficiles à détecter, leurs symptômes étant parfois très légers ou inexistants. C'est pourquoi il est important d'établir un dossier médical, même quand vous n'avez aucun signe de MST.

Que dois-je faire si j'ai couché avec quelqu'un que je soupçonne d'avoir une MST ?

Vous devez consulter un médecin ou vous adresser au service spécialisé de l'hôpital le plus proche. Il est très important de faire un check-up, même s'il révèle que vous n'avez pas été infecté. Non diagnostiquées et non traitées, les MST peuvent contaminer d'autres partenaires sexuels et provoquer des problèmes de santé chez vous et chez les autres. Pour ne donner qu'un exemple, certains types de virus de verrues génitales sont liés au risque de cancer du col (il est recommandé à toute femme contaminée par des verrues génitales de faire un frottis annuel).

Les MST peuvent-elles guérir sans aide médicale ?

Non, pour la plupart. Et une MST laissée sans traitement peut conduire à une maladie plus grave. Par exemple, la chlamydia non traitée chez les femmes peut parfois aboutir à une infection des trompes de Fallope et provoquer des problèmes de stérilité.

Que se passe-t-il dans les services spécialisés dans les MST ?

On vous fera un bilan de santé sexuelle en plusieurs tests. Votre visite peut rester confidentielle si cela est votre choix. On pratique généralement un

examen des parties génitales, du pubis et de la région de l'anus, avec des prélèvements des sécrétions et des analyses de sang. Les médecins de ces services sont des spécialistes (gynécologues, urologues, vénérologues, dermatologues). Ils feront un diagnostic et vous proposeront les traitements adéquats. Il faudra peut-être une seconde visite, après résultats des analyses.

Peut-on attraper une MST sans avoir eu de rapports sexuels ?

Cela peut arriver. Le contact intime des corps sans pénétration peut suffire à transmettre certaines MST, comme les poux du pubis (pas vraiment une maladie). La blennorragie peut, très rarement, s'échanger par un baiser profond.

Peut-on attraper une MST avec une serviette ou le siège des toilettes ?

Le trichomonas vaginalis, micro-organisme unicellulaire qui survit parfois plusieurs heures sur les tissus humides, peut être transmis par des serviettes mouillées. Si vous avez une infection à trichomonas, n'échangez pas vos serviettes de toilette et faites régulièrement la lessive. Les poux du pubis peuvent survivre dans les draps et les vêtements jusqu'à 24 heures et, là aussi, si vous êtes infecté, surveillez votre hygiène. Cependant, la plupart des MST ne s'attrapent pas par simple contact non sexuel. Les voies habituelles de contamination sont buccales, anales ou vaginales, les baisers ou le contact peau à peau avec une personne infectée. Certaines MST, comme l'hépatite B et le VIH peuvent être transmises par des transfusions de sang contaminé, par des instruments médicaux ou par des aiguilles pour injections intraveineuses utilisées par des drogués.

précisions

Maladies sexuellement transmissibles (MST)

Voici les MST les plus fréquentes :

VIH – Virus du sida (syndrome immuno-déficitaire acquis). Non traité, le VIH attaque le système immunitaire et le corps devient vulnérable à toute une gamme d'infections potentiellement fatales. Bien qu'il n'y ait pas de remède définitif contre le VIH, des mélanges de médicaments récemment expérimentés permettent aux malades de lutter contre le virus.

Verrues génitales – Petits reliefs durs sur les parties génitales et l'anus, elles peuvent se développer rapidement et prendre un aspect en chou-fleur. Le médecin les « brûlera » avec des préparations acides, au laser ou avec d'autres procédés.

Herpès génital – Du même type que l'herpès qui peut affecter la bouche et les lèvres. La première poussée d'herpès génital est souvent la plus forte et s'accompagne parfois de fièvre et de gonflement des glandes lymphatiques. Bien qu'on ne puisse totalement s'en débarrasser, un traitement (aciclovir) permet de diminuer les poussées.

Blennorragie (gonococcie) – Chez les hommes, les symptômes sont un écoulement épais et une sensation de brûlure en urinant. Les femmes peuvent avoir des pertes jaunes ou n'éprouver aucun symptôme. Le traitement est à base de pénicilline.

Syphilis – Le premier symptôme est une ulcération indolore, généralement dans la région génitale. Celle-ci disparaît et la maladie entre dans une phase secondaire puis tertiaire qui, toutes deux, peuvent retentir sur le corps entier. C'est pourquoi il est très important de détecter la syphilis à ses débuts, lorsqu'elle peut être facilement traitée avec de la pénicilline.

Chlamydia – Infection initiale généralement silencieuse chez la femme, mais la contamination se poursuit avec risque de stérilité. Les hommes peuvent ressentir une brûlure en urinant et un écoulement ; une urétrite peut survenir quelques jours après le rapport infectant. Traitement par antibiotiques.

Trichomonas – Le responsable est un parasite. Chez les femmes, la maladie se traduit par des pertes jaune verdâtre à l'odeur désagréable. Elle passe le plus souvent inaperçue chez les hommes, en dehors d'une légère irritation de l'urètre. Traitement par antibiotiques.

Poux du pubis – Ces minuscules insectes infestent la région pubienne où ils pondent leurs œufs. Les morsures des morpions causent d'intolérables démangeaisons. Traitement à base de shampoings spéciaux.

Gardnerella vaginalis – Infection courante chez les femmes, causée par une bactérie (gardnerella) et due à une hygiène défectueuse. Elle se traduit par des pertes peu abondantes mais d'odeur très désagréable. Traitement par un antibiotique appelé métronidazole.

précisions

Comment dire que vous avez une MST ?

Dire à un partenaire que vous avez une MST n'a rien de facile, mais il vaut mieux être direct et franc dès le départ.

• Préparez la voie en disant : « Cela m'ennuie vraiment d'avoir à te dire cela » ou « Je suis vraiment perturbé(e) et je crois qu'il faut que je t'en parle ».

• Si possible, insistez sur le fait que le problème sera résolu ou contrôlé avec seulement deux ou trois consultations médicales.

• Ne vous attendez pas à ce que l'autre vous plaigne.

• Soyez préparé(e) à répondre à toutes sortes de questions sur les activités sexuelles qui ont entraîné la MST et sur la MST elle-même.

• Si votre partenaire nie la possibilité qu'il (elle) puisse être infecté(e), faites gentiment remarquer que le meilleur moyen pour lui (elle) d'être sûr(e) de sa santé sexuelle et de faire un check-up. Dites que les MST peuvent parfois passer inaperçues et devenir plus sérieuses si elles ne sont pas traitées.

• Dites-lui que les consultations spécialisées restent confidentielles.

• N'ayez pas de relations sexuelles avec votre partenaire avant d'avoir le feu vert.

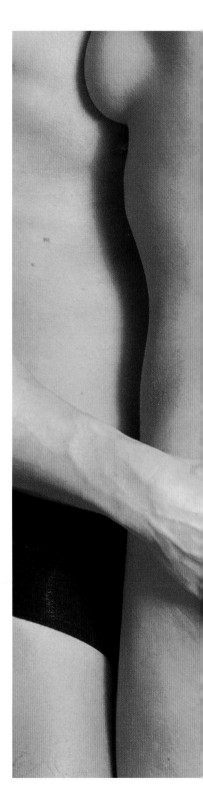

J'ai des pertes vaginales. Comment savoir si cela est normal ou si c'est le symptôme d'une MST ?

Les sécrétions vaginales normales suivent plus ou moins le cycle menstruel. La plupart des jours, les sécrétions sont blanchâtres et ont une odeur saine et peu prononcée. Au moment de l'ovulation, elles deviennent transparentes et ressemblent un peu à du blanc d'œuf cru. Vers la fin du cycle, elles peuvent jaunir et leur odeur devient plus forte (sans être déplaisante). Il est normal que les femmes enceintes ou qui prennent la pilule remarquent une augmentation des sécrétions vaginales. Les pertes vaginales anormales sont décolorées, ont une odeur désagréable et sont parfois associées à un prurit, une irritation ou une douleur. Des pertes jaune verdâtre, mousseuses et sentant très mauvais peuvent être le signe du trichomonas.

Je souffre de pertes vaginales et de démangeaisons intenses autour du vagin. Ai-je attrapé une MST ?

Vous avez probablement une candidose génitale, surtout si vos pertes sont épaisses, couleur crème et sentent la levure. La candidose est due à la prolifération des champignons qui existent normalement dans le vagin. La transmission peut être sexuelle mais vous pouvez aussi la développer spontanément, si vous avez pris des antibiotiques ou utilisé un savon parfumé sur vos parties génitales. Supprimez le sucre de votre régime, ne portez plus de vêtements synthétiques ou de slips trop serrés, cessez de mettre des produits parfumés sur vos parties génitales et traitez la candidose par une crème antifongique ou des ovules (demandez à votre pharmacien ou votre médecin). Le yaourt nature

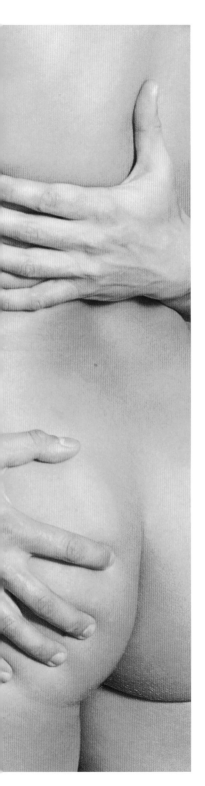

appliqué sur le vagin peut aider. Si aucune de ces mesures n'est efficace, il est probable que vous avez autre chose qu'une candidose, consultez votre médecin. La candidose pouvant être transmise à un partenaire sexuel, en provoquant une inflammation du pénis, vous devez éviter les rapports sexuels jusqu'à ce qu'elle soit éradiquée.

J'ai peur d'avoir attrapé une maladie vénérienne. Je suis adolescent et la peau me démange sous les poils du pubis. Qu'est-ce que cela peut être ?

Il s'agit probablement de follicules pileux qui ont grossi sous l'influence du développement hormonal, en formant de petits kystes sébacés. Ce genre de démangeaison disparaît généralement d'elle-même. Mais si vous croyez avoir attrapé une MST, il vaut mieux consulter votre médecin.

Je suis horrifiée d'avoir attrapé un herpès génital. C'est très douloureux et répugnant. Comment pourrais-je à nouveau faire l'amour ?

L'herpès génital peut être extrêmement invalidant, physiquement et émotionnellement si vous en souffrez pour la première fois. Bien que le virus de l'herpès reste à jamais à l'intérieur du corps, la première invasion est généralement la plus forte. Par la suite, les éruptions diminuent en fréquence et en sévérité. En d'autres mots, vous souffrirez beaucoup moins si cela se reproduit. Il existe aussi un traitement antiviral très efficace (aciclovir) sous forme de crème et de comprimés. Bien qu'il n'empêche pas d'éventuelles récidives, l'aciclovir peut être utilisé dès les premiers signes (sensation de picotements bien particulière). Un traitement précoce diminuera la sévérité de l'attaque et espacera les récidives. Vous devez éviter les rapports pendant la durée de l'herpès, mais, en dehors des éruptions, vous pouvez avoir une activité sexuelle tout à fait normale. Consultez votre médecin sur ce sujet.

J'ai découvert que j'avais une blennorragie. Dois-je le dire à mon amie ?

Certainement. La blennorragie étant sexuellement transmissible, vous l'avez peut-être attrapée de votre amie. De même, si vous l'avez attrapé de quelqu'un d'autre, vous risquez de la passer à votre amie (si ce n'est déjà fait). La blennorragie est parfois asymptomatique chez les femmes, et même si votre amie ne montre aucun symptôme il se peut qu'elle soit infectée. En outre, si vous êtes le seul à recevoir un traitement, elle risque de vous infecter à nouveau. La blennorragie non traitée peut provoquer des complications comme l'infection de la prostate chez les hommes et l'infection des organes du bassin chez les femmes (qui peut atteindre les trompes de Fallope et entraîner une stérilité). En résumé, si dur que cela soit pour vous, vous devez parler à votre amie.

sexe, médicaments et drogues

J'ai entendu dire que certains médicaments prescrits par les médecins pouvaient altérer la vie sexuelle. Lesquels ?

Les médicaments suivants peuvent retentir négativement sur la fonction sexuelle :

• Anti-hypertenseurs.
• Certains antidépresseurs.
• Sédatifs.
• Anxiolytiques et antipsychotiques.

Existe-t-il un médicament améliorant la vie sexuelle et pouvant être prescrit par un médecin ?

Il n'existe aucun aphrodisiaque magique sur le marché, mais si vous souffrez de difficultés sexuelles chroniques, certains médicaments peuvent vous aider. Le plus connu est le sildenafil (Viagra, voir pages 58-59), qui remédie à l'impuissance en accroissant le flux de sang dans le pénis et en permettant ainsi l'érection.

Le traitement par la testostérone (voir page 54) peut aider les hommes comme les femmes dont la libido est défaillante. Le traitement hormonal de substitution (THS, voir page 86-87) après la ménopause peut parfois avoir un effet positif sur la vie sexuelle de la femme, en partie parce qu'il permet de résoudre les problèmes comme la sécheresse vaginale et les changements d'humeur qui éloignent les femmes du sexe. Si vous avez un problème spécifique, comme une éjaculation précoce sévère, le médecin peut prescrire un médicament comme la clomipramine (antidépresseur), qui aide à tenir plus longtemps avant d'éjaculer.

Mon mari doit depuis peu prendre des médicaments anti-hypertenseurs. Le sexe ne l'intéresse plus et il a beaucoup de mal à avoir une érection. Que se passe-t-il ? Et que pouvons-nous faire ?

Les anti-hypertenseurs sont souvent responsables d'un manque d'intérêt sexuel et le médecin aurait dû prévenir votre mari. Encouragez votre époux à lui demander s'il peut prendre un autre remède équivalent, mais qui ne produirait pas cet effet secondaire inhibant la fonction sexuelle. Votre mari pourrait aussi lui demander s'il serait possible de cesser la prise du médicament pendant quelques jours de « vacances », pour qu'il puisse retrouver sa vitalité sexuelle.

Les faits

L'apomorphine, médicament utilisé pour traiter la maladie de Parkinson, peut remplacer le sildenafil (Viagra) dans les cas d'impuissance. Elle agit en stimulant les régions du cerveau qui commandent le processus érectile.

Je suis une jeune femme de 36 ans et je prends des antidépresseurs depuis un mois. Depuis j'ai des difficultés à atteindre l'orgasme. Pourquoi maintenant, alors que je n'ai jamais eu de problèmes auparavant ?

L'un des effets secondaires de la dépression est la perte d'intérêt sexuel. Vos problèmes sexuels peuvent donc dater d'avant la prise des antidépresseurs. Les médicaments peuvent également être responsables de cette situation. Les effets secondaires des divers types d'antidépresseurs sont parfois très différents. Les tricycliques, par exemple, favorisent le retour de la libido à mesure que la dépression s'atténue (bien que 20 % environ des femmes et des hommes continuent à avoir des problèmes de libido tant qu'ils sont sous traitement). Un autre antidépresseur courant, le Prozac, entraîne des difficultés orgasmiques chez certaines femmes et d'éjaculation chez certains hommes. Cependant, lorsque vous cessez le traitement, votre vie sexuelle redevient normale.

Quels sont les effets des drogues sur le sexe ?

La plupart des drogues ont un effet négatif sur le sexe, à court ou à long terme. En voici un résumé :

• La nicotine peut à la longue diminuer la fertilité et causer des problèmes circulatoires empêchant l'afflux de sang dans les parties génitales et aboutissant à l'impuissance chez les hommes.

• Le cannabis agit sur l'humeur. Si vous êtes excité, fumer un joint peut augmenter votre libido, mais si vous avez sommeil, cela vous assommera. Comme avec les cigarettes, la consommation à long terme retentit sur vos capacités sexuelles.

• La cocaïne peut retarder l'éjaculation et l'orgasme. La consommation à long terme peut provoquer la perte de la libido.

• L'héroïne provoque la perte du désir sexuel à court terme et, à long terme, cause des problèmes de stérilité, d'orgasme, d'éjaculation et d'impuissance.

• L'ecstasy provoque des sentiments affectifs très forts, mais ceux-ci ne se traduisent pas sexuellement.

• Les « poppers » sont utilisés pour intensifier l'orgasme mais ils peuvent être dangereux surtout si vous avez des problèmes cardiaques. De plus, ils sentent horriblement mauvais !

J'ai pris de l'héroïne autrefois et j'ai alors perdu ma libido. Je prends aujourd'hui une petite dose de méthadone mais ma libido n'est pas revenue. Est-ce définitif ?

Héroïne et méthadone peuvent avoir un effet négatif sur votre libido, vous faire perdre tout intérêt sexuel et entraîner des problèmes d'érection et d'éjaculation. Quand vous réussirez à vous libérer de la méthadone, donnez à votre corps le temps de guérir et vous devriez constater une amélioration dans vos fonctions sexuelles.

Je suis un homme de 50 ans et j'ai pris l'habitude de prendre des « poppers » au moment de l'orgasme, pour intensifier mes

Qu'est-ce que cela signifie si...

j'ai besoin d'alcool avant de faire l'amour ?

Je connais une femme qui voyait son grand-père (qui était pasteur méthodiste) planer au-dessus d'elle chaque fois qu'elle allait atteindre l'orgasme ! Bien entendu, il lui était difficile de se détendre et presque impossible de jouir. Un peu d'alcool agissant sur le cerveau en levant les inhibitions, notre comportement peut être assez bizarre quand nous sommes sous son influence. Dans le cas du sexe, nous pouvons alors nous laisser aller et jouir de notre sexualité naturelle. Cela dit, l'alcool n'est pas la meilleure thérapie car, si une petite quantité peut favoriser la détente, plusieurs verres produiront l'effet contraire en faisant disparaître la libido !

sensations. L'ennui est que l'orgasme sans poppers me paraît maintenant inexistant. J'ai peur d'être devenu dépendant. Que puis-je faire ?

Je suppose que vous avez commencé à prendre des poppers à cause d'une diminution des sensations pendant l'excitation et l'orgasme, ce qui est en fait, un phénomène normal chez les hommes et les femmes avec l'âge. Votre dépendance des poppers est probablement la conséquence de ce phénomène. Certains hommes apprécient la testostérone sous forme de gel ou de patch pour restaurer leurs sensations sexuelles. Il vaut mieux vous adresser à un médecin ou urologue que continuer à utiliser des poppers qui peuvent être dangereux pour votre cœur.

savez-vous vous affirmer ?

La santé sexuelle est une partie importante des relations intimes, mais l'une des plus difficiles à aborder. En avez-vous une approche volontaire, ou bien attendez-vous que votre partenaire fasse le premier pas ?

À quel moment d'une nouvelle relation abordez-vous votre histoire sexuelle ?

☐ **A** Avant de faire l'amour pour la première fois.

☐ **B** Plus tard, quand vous vous connaissez mieux.

☐ **C** Si le sujet se présente : vous ne voulez pas être indiscret(ète).

Vous venez de faire l'amour avec un nouveau partenaire et vous apercevez que le préservatif s'est déchiré. Vous :

☐ **A** Lui dites aussitôt ?

☐ **B** Rassemblez votre courage puis le lui dites ?

☐ **C** Espérez qu'il (elle) ne s'en est pas aperçu ?

Après avoir découvert l'histoire sexuelle de quelqu'un, vous ne voulez plus faire l'amour avec lui (elle). Vous :

☐ **A** Êtes totalement franc ; il (elle) respectera votre franchise ?

☐ **B** Inventez une autre raison pour votre manque d'intérêt sexuel ?

☐ **C** Partez sans autre explication ?

Vous êtes actif(ve) sexuellement et, bien que vous pratiquiez les rapports protégés, vous vous inquiétez occasionnellement pour votre santé sexuelle. Vous :

☐ **A** Vous rendez régulièrement au service génito-urinaire de l'hôpital pour une vérification ?

☐ **B** Consultez seulement si vous êtes très soucieuse ou que vous croyez avoir des symptômes ?

☐ **C** Vous vous inquiétez, mais ne faites rien ?

Vous avez un nouveau partenaire et vous allez faire l'amour pour la première fois avec lui. Vous :

☐ **A** Arrêtez tout et discutez de contraception avant que les choses aillent trop loin ?

☐ **B** Essayez de trouver un préservatif à la dernière minute ?

☐ **C** Laissez les choses comme elles sont, vous ne voulez pas gâcher l'atmosphère ?

Votre partenaire veut absolument faire l'amour, mais vous avez oublié d'acheter des préservatifs. Vous :

☐ **A** Insistez pour du sexe sans pénétration ?

☐ **B** Discutez de différentes possibilités ?

☐ **C** Tant pis, tout se passera bien ?

Votre partenaire n'aime pas les préservatifs mais ce sont vos contraceptifs favoris. Vous :

☐ **A** Insistez pour qu'il (elle) essaye ?

☐ **B** Demandez si il (elle) est prêt(e) à les utiliser, à l'occasion ?

☐ **C** Prenez d'autres précautions ?

Vous êtes avec un nouveau partenaire et vous voulez qu'il (elle) fasse le test VIH. Vous :

☐ **A** Lui demandez sans détours de faire le test avec vous ?

☐ **B** Lui demandez si cela l'ennuierait de faire le test ?

☐ **C** En parlez comme d'une possibilité et attendez sa réaction ?

Vous avez une nouvelle relation et pensez que vous avez peut-être donné une MST à votre partenaire. Vous :

☐ **A** En parlez aussitôt à votre partenaire ?

☐ **B** Attendez le bon moment pour lui demander si il (elle) a des symptômes ?

☐ **C** Êtes trop embarrassé(e) pour aborder le sujet ?

Vous pensez que votre partenaire vous a peut-être donné une MST. Vous :

☐ **A** En parlez à la première occasion ?

☐ **B** Écartez les implications et abordez le sujet avec hésitation ?

☐ **C** Vous débrouillez tout(e) seul(e) ?

Votre partenaire boit trop et ses performances sexuelles s'en ressentent. Vous :

☐ **A** Lui dites qu'il (elle) boit trop et qu'il est temps de faire quelque chose ?

☐ **B** L'encouragez gentiment à boire moins ?

☐ **C** Vous accommodez d'une situation à laquelle vous ne pouvez rien ?

Vous pensez que le médicament prescrit par votre médecin diminue votre libido. Vous :

☐ **A** Retournez chez lui pour avoir plus de détails ?

☐ **B** Vous renseignez sur les effets secondaires du médicament ?

☐ **C** Vous rassurez en pensant que vous n'allez pas le prendre éternellement ?

RÉPONSES

A majoritaires. Il vaut toujours mieux être direct(e) pour aborder les sujets aussi importants que la santé sexuelle et la contraception et vous n'hésitez certainement pas. Votre attitude est la bonne parce que vous protégez votre santé et votre bien-être et vous n'avez pas peur de vous confronter aux problèmes. Votre franchise peut parfois paraître un peu agressive à un partenaire sensible. Ne confondez pas assurance et agressivité. Certains domaines de la santé sexuelle demandent de la délicatesse. Il est bien que vous revendiquiez vos droits, mais n'oubliez pas que le sexe est une entente à deux.

B majoritaires. Vous savez ce qui vous convient et vous en discutez avec votre partenaire, bien que parfois il vous arrive d'attendre le bon moment, ce qui peut dans certaines circonstances être la meilleure politique. Cependant, vous devriez être plus ferme quand il s'agit de MST. Adopter une approche associant sensibilité et assurance serait certainement très profitable à vous-même et à votre partenaire.

C majoritaires. Vous n'aimez pas le côté médical des relations sexuelles. Cette attitude courante montre que vous n'avez pas l'habitude de parler franchement de santé sexuelle. Cependant, pour votre santé et votre tranquillité, il est important que vous soyez plus ouvert(e), ce qui vous épargnera beaucoup d'inquiétudes et d'angoisses dans l'avenir. Si vous prenez de l'assurance dans les petites choses, les sujets importants seront plus faciles à aborder.

index

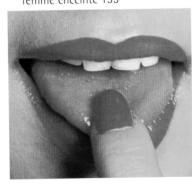

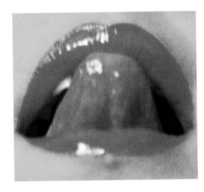

adresses utiles

**Association des sexologues
du Québec (ASQ)**
6915, St-Denis
Montréal (Québec) H2S 2S3
Tél. : (514) 270-9289
[http://sexologue.virtualave.net]

**Le regroupement professionnel des
sexologues du Québec**
C.P. St-André 32090

Montréal (Québec) H2L 4Y5
Tél.: (514) 990-4470

Info-santé
*À toute heure du jour ou de la nuit, une
infirmière répond à vos questions sur la
santé.*
Numéro disponible pour chaque CLSC.
Pour connaître le vôtre : Tél.: (514) 948-2015

Centre de santé des femmes de Montréal
1103, St-Joseph Est
Montréal (Québec) H2J 1L3
Tél. : (514) 270-6110

**Le Réseau canadien pour la santé
des femmes**
*Pour partager des ressources et des
stratégies entre femmes.*
[www.cwhn.ca]

Ma Sexualité. Ca

La Société canadienne des obstétriciens et des gynécologues du Canada présente un site Internet d'éducation et d'information en matière de sexualité.
[www.masexualite.ca]

Sexoaide

Sous forme de questions et réponses comme le livre, ce site vous permettra d'en apprendre davantage sur la sexualité.
[www.chez.com/sexoaide]

InfoSexo Web

Information scientifique et clinique sur la sexualité humaine. Site qui s'adresse autant au public en général qu'aux professionnels.
[www.ntic.qc.ca/~blaf]

Art de vivre – Couples

Des chroniques et des articles sur tout ce qui concerne le couple : sexualité, amour...
[www.canoe.qc.ca/artdevivrecouples/index.html]

Votre santé sexuelle

Centre canadien de ressources sur les difficultés érectiles.
[www.votresantesexuelle.ca]

Département de sexologie

Université du Québec à Montréal
C.P. 8888, succ. Centre-ville
Montréal (Québec) H3C 3P8
Tél. : (514) 987-4181

Gai Écoute

Service d'écoute téléphonique à l'intention des personnes intéressées par les questions relatives à l'orientation sexuelle.
Tél.: (514) 866-0103
1 888 505-1010
[www.gai-ecoute.qc.ca]

Société canadienne du sida

900-130, Albert
Ottawa (Ontario) K1P 5G4
Tél.: (613) 230-3580
[www.cdnaids.ca]

Sidaide-Québec

Par le biais de son site Internet, cet organisme informe, prévient, aide et soutient les gens affectés, de près ou de loin, par le VIH/sida.
[www.infose.com/sidaide]

S.O.S. Grossesse

Service d'écoute téléphonique, d'information et d'accueil à toute personne concernée par des situations relatives à la grossesse, à la contraception et à la sexualité.
Tél. : (514) 682-6222
1 877 662-9666
[http://pages.globetrotter.net/sosgrossesse]

Jeunesse, j'écoute

Ligne téléphonique nationale d'écoute destinée à la jeunesse canadienne.
Tél.: 1 800 668-6868
[http://jeunesse.sympatico.ca]

Elysa

Site sur la sexualité. Offre des informations et des conseils depuis 1996.
[www.unites.uqam.ca/dsexo]

remerciements

Recherche iconographique : Georgina Lowin

Credits photographiques :
L'éditeur désire remercier les personnes suivantes pour avoir aimablement autorisé la .reproduction de leurs photographies :
Camera Press : David Roth : 52. Gaze International Hywel Williams : 144. Alastair Hughes : 53. The Image Bank : Alain Daussin 4-5. Images Colour Library : 97 ; AGE Fotostock 17. Mother & Baby Picture Library/Emap Esprit : James Thomson 139. Corbis Stock market : Pete Saloutos 57. Getty Images : Dale Durfee 90 bas, gauche ; Joe Polillio 66 ; Kevin Mackintosh 60-61 ; Stuart McClymont 32-33 ; Uwe Krejei 9, 34. Superstock Ltd : 84. Telegraph Colour Library : A Mo 135 ; Ian Sanderson 92-93 ; VCI/Paul Viant 108-109.

Couverture : The Image Bank
4ᵉ de couverture : Getty Images cr
Dos : The Image Bank

Toutes les autres illustrations : © Dorling Kindersley, pour toutes informations : www. dkimages. com

Index : Dr Laurence Errington

Révision : Constance Novis

Accessoires : Ann Summers pour la lingerie ; **Skin Two** pour les tenues en vinyl et latex ; **Harmony** pour la lingerie, les tenues en vinyl et les accessoires.

Sexe Questions et réponses
est publié par Hurtubise HMH
ISBN : 2-89428-570-1
Imprimé à Singapour